搭地鐵玩遍東京

作者◎小鹿｜鹿過日本

作者序

　　日本，距離台灣僅需要3個小時左右的距離，飲食、文化、風土民情與台灣也相近，但隨著四季變化風景卻大有不同，也因此深受國人喜愛。而東京不僅是日本最熱鬧的都市，是全日本政經重心，所有最前衛、最頂尖與最時尚的聚集地，範圍廣闊的東京都，有著畢生一定要去的賞櫻賞楓名所，有許多讓人無法守住荷包的逛街地點，就連巷弄內都藏著各式各樣的美食、排隊名店。

　　但來東京到底應該去哪些地方遊玩才不虛此行？或是許久沒來日本的旅客、或是第一次準備出國的你可能會不知道從何找起，特別是因新冠疫情的影響，許多店家近幾年也都有改變，甚至也有不少新開店鋪。為了能讓各位的東京之旅收穫滿滿，我這次在書收錄了東京23區內與近郊的熱門景點，並且特別找了一些疫情後新開幕的特色景點和美食，希望透過我的分享，能讓你感受到最豐富和最新鮮的東京回憶。

　　記得我第一次和家人來東京旅遊時，時常搞不清楚到底該去哪裡玩，交通狀態也一知半解，光是尋找資訊就花了非常久的時間。也因為自己的經驗，為了想要讓大家可以淺顯易懂東京景點的地理位置，本書選擇使用地下鐵各站分站去做介紹，美食、觀光景點、交通、基本資訊等內容，都能在這本書內找到，也希望能藉由按圖索驥的推薦，節省你寶貴的時間，更增加旅行的廣度和深度。

　　這本書是我的第一本書，花了我非常多的心力和時間去收集資料與撰寫，著實希望將我熱愛的東京介紹給大家，很感謝各位在書店挑中這本書的你，希望我的日本旅遊書籍能為你的旅遊變得更有趣！也非常感謝陪我去取材這本書的各位朋友們以及平時陪伴我一起聊日本的讀者們，讓我能夠更加努力找尋更新更有趣的景點！

　　來吧～歡迎一起遊遍東京，一起享受千變東京！

小鹿｜鹿過日本

從學生時期就非常熱愛日本文化，並以到日本工作為人生目標，至今已定居東京近10年，深刻體驗著道地日本人生活的一切。而在決定移居到日本前，就有多次到日本深度旅遊的經驗，即便是成為在地人後，每年依然會固定安排5次以上的長途旅行，用最親身的到訪、最真切的感受，體驗日本每一處的美。

2019年自架部落格「鹿過日本」，專寫日本旅遊、美食、景點、飯店推薦等內容，特別喜歡嘗試只有在地人會去的店家，也鍾愛百年不衰的經典老店，也喜歡在有限的預算內挖掘CP值破表的小店，當然還有吸睛度破表的主題特色店。本身從事廣告代理工作的小鹿，因為太愛旅行，也太想跟大家交流日本資訊，之後在FB及IG創立了「鹿過日本」，讓更多人能獲得更多的第一手日本旅遊資訊，也歡迎大家有時間可上網與她有更多的互動。

f 鹿過日本｜旅居日本的台灣女子
@liulifejp
▶ 鹿過日本｜旅居日本的台灣女子
Blog liulifejp.com

臺灣太雅出版編輯室提醒

太雅旅遊書提供地圖，讓旅行更便利

地圖採兩種形式：紙本地圖或電子地圖，若是提供紙本地圖，會直接繪製在書上，並無另附電子地圖；若採用電子地圖，則將書中介紹的景點、店家、餐廳、飯店，標示於GoogleMap，並提供地圖QR code供讀者快速掃描、確認位置，還可結合手機上路線規畫、導航功能，安心前往目的地。

提醒您，若使用本書提供的電子地圖，出發前請先下載成離線地圖，或事先印出，避免旅途中發生網路不穩定或無網路狀態。

出發前，請記得利用書上提供的通訊方式再一次確認

每一個城市都是有生命的，會隨著時間不斷成長，「改變」於是成為不可避免的常態，雖然本書的作者與編輯已經盡力，讓書中呈現最新的資訊，但是，仍請讀者利用作者提供的通訊方式，再次確認相關訊息。因應流行性傳染病疫情，商家可能歇業或調整營業時間，出發前請先行確認。

資訊不代表對服務品質的背書

本書作者所提供的飯店、餐廳、商店等資訊，是作者個人經歷或採訪獲得的資訊，本書作者盡力介紹有特色與價值的旅遊資訊，但是過去有讀者因為店家或機構服務態度不佳，而產生對作者的誤解。敝社申明，「服務」是一種「人為」，作者無法為所有服務生或任何機構的職員背書他們的品行，甚或是費用與服務內容也會隨時間調動，所以，因時因地因人，可能會與作者的體會不同，這也是旅行的特質。

新版與舊版

太雅旅遊書中銷售穩定的書籍，會不斷修訂再版，修訂時，還區隔紙本與網路資訊的特性，在知識性、消費性、實用性、體驗性做不同比例的調整，太雅編輯部會不斷更新我們的策略，並在此園地說明。您也可以追蹤太雅IG跟上我們改變的腳步。

○ taiya.travel.club

票價震盪現象

越受歡迎的觀光城市，參觀門票和交通票券的價格，越容易調漲，特別Covid-19疫情後全球通膨影響，若出現跟書中的價格有落差，請以平常心接受。

謝謝眾多讀者的來信

過去太雅旅遊書，透過非常多讀者的來信，得知更多的資訊，甚至幫忙修訂，非常感謝大家的熱心與愛好旅遊的熱情。歡迎讀者將所知道的變動訊息，善用我們的「線上回函」或直接寄到taiya@morningstar.com.tw，讓華文旅遊者在世界成為彼此的幫助。

目錄

- 2　作者序
- 4　編輯室提醒
- 14　東京旅遊黃頁簿
- 19　東京地下鐵快易通
- 254　東京旅館住宿

8 東京熱搜7大新焦點

- 8　SHIBUYA AXSH
- 9　teamLab無界東京＆麻布台Hills
- 10　東急歌舞伎町塔 Kabuki hall
- 11　羽田機場花園
- 12　東京華納兄弟哈利波特影城
- 13　HARAKADO

22 東京四大印象

- 24　印象1：四季美景東京巡禮
- 28　印象2：美妝藥妝美麗絕對購
- 32　印象3：超商食品好吃沒得挑
- 34　印象4：「無料展望台」展現東京最有料

丸之內線／Marunouchi Line

08	新宿 Shinjuku	38
17	東京 Tokyo	50
20	御茶之水 Ochanomizu	58
25	池袋 Ikebukuro	64

銀座線／Ginza Line

01	澀谷 Shibuya	70
02	表參道 Omote-sando	82
09	銀座 Ginza	90
11	日本橋 Nihombashi	98
16	上野 Ueno	104
19	淺草 Asakusa	114

5

半藏門線／Hanzomon Line

⑬	錦系町 Kinshicho	122
⑭	押上（晴空塔前）Oshiage (Sky Tree)	128

東西線／Tozai Line

⑤	神樂坂 Kakurazaka	182
⑦	九段下 Kudanshita	188

日比谷線／Hibiya Line

①	中目黑 Nagameguro	134
④	六本木 Roppongi	140
⑪	築地 Tsukiji	146
⑭	人形町 Ningyocho	152
⑯	秋葉原 Akihabara	158

有樂町線／Yurakucho Line

㉑	月島 Tsukishima	194
㉒	豐洲 Toyosu	200

都營淺草線／Toei Asakusa Line

⑨	大門 Daimon	204
⑰	藏前 Kuramae	210

千代田線／Chiyoda Line

③	明治神宮前 Meiji Jingumae	164
⑥	赤坂 Akasaka	170
⑮	千駄木 Sendagi	176

東急世田谷線／Tokyu Setagaya Line

⑧	山下 Yamashita	216

京王井之頭線／Keio Inokashira Line

- 05 下北澤 Shimokitazawa … 222
- 17 吉祥寺 Kichiojoji … 228

京王線／Keio Line

- 37 京王讀賣樂園 Keio-yomiuri-land … 236

都電荒川線／Tokyo Sakura Tram

- 13 荒川車庫前 Arakawashako-mae … 239
- 16 王子駅前 Oji-ekimae … 240
- 23 大塚駅前 Otsuka-ekimae … 241

西武線／Seibu Line

-   所澤 Tokorozawa … 244

東武東上線／Tobu Tojo Line

- 21 川越 YKawagoe … 248

東京地鐵全圖

東京熱搜  大新焦點

這次來到東京，絕不能錯過這6個點，不僅是近年全新開幕萬眾矚目，無論是複合式的設計，滿足探訪者多樣的需求，或是前衛的設計風格，更宣示是東京絕對是設計霸主的地位，最新最夯的東京踩點，絕對讓你這一趟東京行立刻成為旅遊潮人！

東京全新逛街地標

SHIBUYA AXSH

銀座線「澀谷」站 HIkarie出口，步行約1分鐘

1.可以走空橋過去AXSH內／2.室內布置的非常時尚／3.外面也有許多可以休息的地方

　　「渋谷アクシュ(SHIBUYA AXSH)」這個名稱蘊含了連結青山(AOYAMA)與澀谷(SHIBUYA)兩個地區的意圖，其中「X」象徵著交錯和連結。它希望成為一個多樣化人群匯集的場所，促進人與人之間的交流與互動。

　　此外，名稱中的「アクシュ(AXSH)」也有「握手」的含義，象徵著不同文化和人群在這裡交融，從而創造出新的價值。這裡距離澀谷車站非常的近，跟以往大家常去的澀谷十字路口剛好是反方向，而是在東口附近，從Hikarie大樓的出口出來的話大概只要1分鐘就能抵達。

　　這座建築物為地下3層、地上23層，地上一層至第四層設有商業區，包括餐廳、藝術畫廊以及健康檢查中心等設施。商場中間有大手扶梯貫穿，周邊有許多綠色植物裝飾著，加入了「垂直庭園」的概念，整體看起來非常舒服。在這裡有許多美食餐廳可以選擇，日式、中式、泰式等等的料理都能在這裡找到，想在澀谷小酌一杯的話，在這棟商場內還有創意酒吧，在店內將能看到許多藝術家的作品。

　　商業區以外的第五層至23層為辦公區域，每層的面積約為1,325平方公尺，未來將會有許多辦公室進駐。

> 🌐 www.shibuya-axsh.jp.t.aud.hp.transer.com
> 📍 〒150-0002東京都渋谷區渋谷2-17-1
> 🕐 05:00～24:00

1.夜晚打燈看起來很漂亮／2.teamLab內的燈泡場景非常迷人／3.入口處的立體文字設計讓人印象深刻／4.內部多處較昏暗，要小心行走

東京最新開幕數位藝術美術館

日比谷線「神谷町」站
5號出口，步行約2分鐘

teamLab 無界東京 & 麻布台 Hills

由藝術團隊teamLab所創作的「teamLab無界」展覽，主打「無邊界的美術館」展覽中的藝術作品打破了傳統的空間限制，讓觀眾可以隨意探索，模糊了美術館常有的界線，有時甚至會融為一體，不管走到哪個空間都能極其享受裡面帶來的聲光藝術。

我特別喜愛的作品是《泡泡宇宙：實體光，光之肥皂泡，晃動之光，環境產生的光——一筆》，走進這個空間能看到一大片絢爛的燈泡，自己身在藝術品內真的會非常感動。這是teamlab最新推出的一件互動藝術作品。

作品中的球體內包含不同類型的光，這些光既有靜止的，也有移動的，且每個球體的光都依賴於其他球體的環境來存在和表現。當人們接近球體並停留不動時，球體會發出強光並傳遞給鄰近的球體，形成一條光的軌跡，這個軌跡是精心設計的，確保光線以美觀的方式在所有球體間傳遞。整個作品展現了人與空間中的球體之間互動產生的光的連續性和美感。

當天有空位時可以即時在線上購票，但為了避免入場受限，建議事先預購門票。另外，也可以選擇當天在現場購買門票，不過，可能會有售罄的風險，且票價可能有所不同。在購票時，除了選擇參觀日期，還需指定入場時段，但進館後的停留時間則不受限制。

如果想要拍出絕美的照片，建議穿著白色或素色的服裝，這樣可以更好地融入展覽中的投影效果，在昏暗的環境中顯得更加突出。

http	www.teamlab.art/zh-hant/e/tokyo
地址	〒106-0041東京都港區麻布台1-3-1
時間	09:00〜21:00　休 不定休，詳見官網

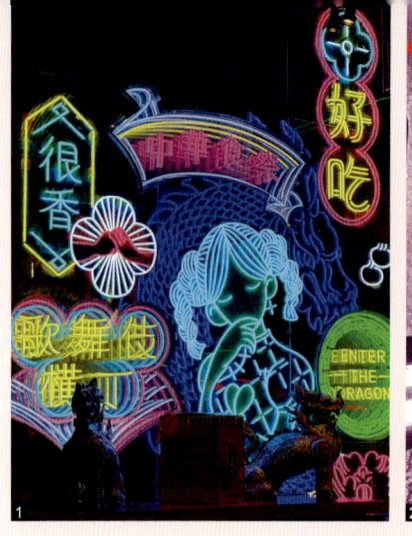

有如祭典般熱鬧的新美食街

丸之內線「新宿」站
B13出口，步行約5分鐘

東急歌舞伎町塔
Kabuki hall

新又有新地標了，於2023年開幕的「東急歌舞伎町TOWER」是一座高達48層的複合式商業大樓，地下5層，是日本最大級的酒店與娛樂設施綜合體，設有酒店、電影館、劇場和音樂廳等設施，距離JR新宿東口車站僅步行7分鐘，從丸之內線走過來也非常近。

1樓與2樓有許多餐廳進駐，其中最矚目的是這座大樓的2樓，打造了一個以「祭典」為主題的美食街，融合了食物、音樂和影像，從北海道到九州、沖繩全日本的美食都可以在這裡找到。總共有10家店鋪，每一間都會掛上最具有當地特色的裝飾，像是青森會放上睡魔祭典的燈籠，其他店鋪也都設計得非常花俏，配上絢爛的霓虹燈光，真的非常有祭典的氣息，就算不在這裡吃飯也很適合走進來看看這裡的設計。

而在3樓則有一個區塊是遊樂中心，同樣配合著歌舞伎町的多彩風格，霓虹燈的加持下看起來真的很有不夜城的感覺。想要夾娃娃機、抽扭蛋、一番賞的話，可以來這裡逛逛，晚上時間人潮較多，白天來的話相對較少。

1.很多很適合拍照的角落／2.布景多以霓虹燈為主／3.3樓休息區也是以霓虹燈布置／4.美食街有許多漂亮裝飾

www.shibuya-axsh.jp.t.aud.hp.transer.com
〒160-0021東京都新宿區歌舞伎町1-29-1｜06:00～翌日05:00

羽田参道

機場內最令人驚喜的空間

羽田機場花園

羽田空港第3航廈站直達

1.羽田機場花園內有許多間商店／2.羽田機場花園內的空間寬廣／3.人氣的花山烏龍麵這裡也有／4.Villa Fontaine Grand羽田機場飯店房間內,可以欣賞羽田機場的景色

羽田機場自從羽田機場花園這個複合設施新開幕後,變得更有趣了!商場內有約90間的店鋪,讓大家在等待飛機之餘可以來這邊逛逛,採買剩餘尚未購買的禮品之外,還有好幾間日本各地的排隊名店也都駐店在羽田機場花園內,像是近期非常有人氣的花山烏龍麵,在這裡也是有店鋪,雖然一樣也需要排隊,但會比市區內的好一些。如果臨時有想買的藥妝品,這裡還設有松本清藥妝店,到了機場還可以再逛最後一次藥妝店補貨。

此外,羽田機場花園最棒的是不只可以逛街購物,還有泉天空之湯、飯店等設施,滿足不同需求的旅客。泉天空之湯是個可以泡湯休息的地方,很適合要搭乘隔天一大早飛機或是紅眼班機的旅客,一邊泡湯還可以一邊欣賞機場風景!

如果你是隔天班機的旅客,也很推薦可以提前來羽田機場的Villa Fontaine Grand 羽田機場飯店入一晚,讓行程的最後可以緩一緩,並在機場內補齊最後想買的免稅品,舒舒服服的回家。

🔗 www.hvf.jp/haneda-lp/chi/index2.html
📍 〒144-0041東京都大田區羽田空港2-7-1
🕐 每間店鋪營業時間不同,詳見官網

置身在電影內的場景

西武池袋線、豊島線「豐島園」站
出口步行約2分鐘

東京華納兄弟哈利波特影城

你是哈利波特迷嗎？轟動全球的哈利波特在東京豐島園站設立在東京華納兄弟哈利波特影城，是現在東京正夯的必去景點，是全球目前最大的規模最大的哈利波特設施。想來這裡參觀一定要提前上網到官方網站或是票務平台(Klook、KKday)預約，這裡是無法現場買票，預約會有時段可選擇，但停留時間則沒限制，推薦大家可以選早一點的時段，進去裡面想要細細逛的話，至少需要3小時，愛拍照的話可能會花更久時間。

進入哈利波特影城內，可以看到各國不同部哈利波特的海報，非常令人懷念，當中也能找到台灣版本的！設施內有學院交誼廳、九又四分之三月台、霍格華茲特快列車、魔法部、斜角巷等等布景，各個充滿回憶的電影場景都真實呈現，透過這些大型的哈利波特造景，還能了解到電影拍攝時到底是如何製作，是個很值得逛的地方。

1.一入場就能看到各個過去的電影畫面／2.九又四分之三月台／3.霍格華茲校長辦公室也在此呈現

此外，一進到設施內，第一個迎來的是哈利波特的餐廳，FROG CAFE與Food Hall，在這裏有在販賣跟哈利波特有相關的造型餐點，餐廳設計的非常美麗，很適合來這裡點些餐點，順便在餐廳拍照留念。

https://www.wbstudiotour.jp｜〒179-0074東京都練馬區春日町1-1-7｜每個時期營運時間不一樣，詳見官網

12

1.店內有許多裝置藝術／2.晚上看起來很有氣氛／3.在這裡有澡堂可以泡澡／4.建築物樓上有空中花園

原宿十字路手最新購物商場

HARAKADO

千代田線・副都心線「明治神宮前(原宿)」站 4號或7號出口，步行約2分鐘

　位在原宿十字路口的HARAKADO，是原宿的最新地標，地上9層、地下3層的複合式購物商場。HARAKADO設計概念非常前衛，外觀上為全玻璃材質，做出多角切面有如鑽石般的設計，讓人印象深刻。此外在6樓和7樓頂是本棟大樓的最大特色，對樓體做了斜角面的切割，建造成可以休憩的展望天臺，搭配上各種植物，有如空中花園，逛一逛想休息可以去買杯咖啡來這裡坐著，一邊欣賞表參道、原宿的都市街景。5樓則是美食街，有好幾間餐廳進駐於此。4樓則是創意展演空間，不定期會變換這裡的展示品。

　1、2樓有各式各樣的服飾與雜誌店鋪，像是Jo Malone香氛名店也在此開非常大一間。其中以2樓的雜誌店非常吸引人，在這裡的雜誌許多都是由居民與出版社捐出，因此很有機會在這裡找到過去你想收藏卻沒買到的雜誌。

這裡不僅是可以購物吃飯的商場，地下1樓還可以享受來自高圓寺的錢湯「小杉湯」，想體驗看看泡湯的話，推薦可以來這裡看看。

http harakado.tokyu-plaza.com｜〒150-0001東京都渋谷區神宮前6-31-211｜購物樓層11:00～21:00，其餘樓層營業時間不同，詳見官網

13

東京旅遊黃頁簿

TOKYO

行前準備

簽證

目前從台灣前往日本觀光並不需要額外申請簽證，在進入日本期間須持有效護照，最多可以在日本旅行90天，另外要特別注意的是，持有短期觀光簽證的旅客是禁止在日本從事工作或是有償活動。

緊急聯繫單位

台北駐日經濟文化代表處
- www.roc-taiwan.org/jp/index.html
- 〒108-0071東京都港區白金台5-20-2
- (03)3280-7811
- 週一～五09:00～12:00、13:00～18:00

機票預訂

想要訂購前往日本旅遊的機票，推薦使用機票比價網找看看是否有便宜的機票，自己最常使用的是「Skyscanner」，只要簡單輸入航程與日期，比價網就能快速找出適合的時間與機票。

此外，一些訂房網站也都有機票比價服務，例如Agoda、booking.com。

住宿預訂

想要找到適合自己的飯店，個人最喜歡用的是Agoda與booking.com，這兩個訂房網站都有回饋金獎勵，訂越多就能累積越多回饋金，對於常旅遊的人而言不無小補！

但有些飯店可能沒有登入在這兩個訂房網上面，或是想找比較特別的住宿，那就得使用日本樂天訂房或日本Jalan網站，這兩個在日本相當有名，時常會有優惠。

> **玩家筆記**
>
> **旅遊必用現金回饋網**
>
> 在訂購飯店與機票等旅遊票券前，很推薦先上「SHOPBACK」現金回饋網申辦帳號，如果是使用Chrome的話可以順便安裝擴充功能，這樣之後在網上購物或是訂票時擴充功能就會提醒是否網站有現金回饋，非常好用！

成田機場交通

成田機場是日本最大的機場，位在千葉縣成田市，目前有3座航站大廈，因為距離都心較遠的關係，進到東京相對

▲成田機場旅客流量大，記得早點出發前往機場

要花比較久的時間，大約需要1～1.5小時。進入東京的主要方式有高速巴士、JR電車、京成電鐵，票價因車種不同而異，約1,000～4,000日幣。

高速巴士

如果想搭巴士從成田機場離開，可選擇利木津巴士或京成巴士所營運的Airport Bus。

京成巴士

Airport Bus屬於平價的高速巴士，能夠通往銀座和東京等地，價位只要1,500日幣，根據尖峰時間，每小時會發車4～8台。

http www.keiseibus.co.jp/zhb

▲京成巴士是以白色為主體

利木津巴士

是由另外一間高速巴士營運，前往東京多個地方，例如新宿、銀座、日比谷、赤阪、澀谷、羽田機場等地，相對起來更加便利，但價位會比較貴，成人約需要3,600日幣左右。有確定時間的話，建議提前上網訂票可享有優惠。

http reurl.cc/RWRdRn

▲利木津巴士橘色的外觀非常好認

JR成田特快「N'EX」

想要搭乘JR前往東京，可以選擇搭成田特快「N'EX」和總武本線，總武本線票價比較便宜，但是所花時間較長，個人建議可以選擇成田特快「N'EX」節省搭乘時間。從成田機場第一、第二航站都有停（第三航站沒有車站）。

要特別要注意的是，從成田特快「N'EX」下車後，可以直接轉搭其他JR列車不需出站，使用同一張票可以轉乘，但能搭乘的路線有限，建議上官網確認。

http reurl.cc/rrklkb

▲N'EX列車

▲N'EX列車車廂內照

優惠套票

在成田機場售票處有販售14天內來回成田機場各一次的優惠套票，到東京車站的原價要6,040日幣，買套票的話只要4,070日幣，相當划算。

高速巴士

製表：鹿過日本（資訊時有異動，請以官網為準）

巴士公司	停靠點	行車時間	票價	售票地點
京成巴士	成田空港線～東京車站、銀座	到東京車站約65分鐘 到銀座約77分鐘	1,500日幣	在成田機場一、二、三航站巴士站皆能搭車，確認目的地站牌，直接上車與司機購買車票
	成田空港～池袋車站（成田穿梭巴士池袋線）	到池袋車站約80分鐘	2,300日幣	
	橫濱(YCAT)・港未來地區～	約120分鐘	4,000日幣	
利木津巴士	新宿	約90～150分鐘	3,600日幣	在成田機場第一、二、三航站都有售票處可購買車票
	品川	約60～120分鐘		
	池袋	約80～130分鐘		
	銀座	約80～130分鐘		
	六本木	約80～120分鐘		

東京旅遊黃頁簿 | 行前準備 | 成田機場交通 | 羽田機場交通 | 日常生活資訊 | 實用APP資訊

售票地點：成田第一、第二航站的JR-EAST Train Reservation(日本旅遊服務中心)出示本人護照即可購買到票券。

京成電鐵

京成電鐵有分京成本線與京成Sky access線這兩條，相對起來京成本線比較慢，價格比較便宜。京成Sky access則有分Skyliner線與Access特快兩種，Skyliner到上野最快只要41分鐘，舒適且方便。搭乘京成電鐵，需要到第一或第二航站(第三航站沒有車站)。

reurl.cc/5d26yR

優惠套票

現場有賣Keisei Skyliner來回車票與東京地下鐵乘車套票(24/48/72小時)，東京地下鐵乘車票可以在時間內無限次搭

▲Skyline電車的外觀是藍色，看起來很有流線感

▲Skyliner電車內部非常明亮

乘，相當划算。

■ Keisei Skyliner來回＋24小時東京地下鐵乘車券：4,900日幣
■ Keisei Skyliner來回＋48小時東京地下鐵乘車券：5,300日幣
■ Keisei Skyliner來回＋72小時東京地下鐵乘車券：5,600日幣

售票地點：成田第一、第二航站的京成本線，出示本人護照即可購買到票券。

羽田機場交通

羽田機場距離東京市區較近，從JR品川車站搭車只要20分鐘，從東京其他地方搭車過去也只要1小時左右。且台北松山機場與羽田機場對飛，在移動上相對減少許多時間。

▲羽田機場

成田特快「N'EX」

製表：鹿過日本(資訊時有異動，請以官網為準)

從成田機場第1候機樓、成田機場第2・第3候機樓前往東京方向	一般來回費用(普通車廂、指定席)	使用「N'EX東京去回車票」
東京	成人(12歲以上) 6,140日幣 兒童(6～11歲) 3,060日幣	大人(12歲以上)5,000日幣 兒童(6～11歲)2,500日幣 (在14天的有效期間內可來回各搭乘一趟)
品川、澀谷、新宿	成人(12歲以上) 6,500日幣 兒童(6～11歲) 3,240日幣	
橫濱(YCAT)	成人(12歲以上) 8,740日幣 兒童(6～11歲) 4,360日幣	
大船	成人(12歲以上) 9,400日幣 兒童(6～11歲) 4,680日幣	

京成電鐵

製表：鹿過日本(資訊時有異動，請以官網為準)

停靠點	Skyliner 搭乘時間	Skyliner 價位	Access特快 搭乘時間	Access特快 價位	京成本線(京成上野) 搭乘時間	京成本線(京成上野) 價位
日暮里	約41分鐘	2,470日幣	約55分鐘	1,240日幣	約70～90分鐘	1,060~1,280日幣 (不同車種價位不同)
上野	約46～60分鐘		約60分鐘		約75～95分鐘	

高速巴士

高速巴士有京急巴士與利木津巴士兩種,兩者的停靠站都非常多,大約搭乘時間為1小時,價位在1,000日幣左右,不用轉乘就能進到東京內。

利木津巴士

搭乘利木津巴士可以在新宿、台場、淺草、錦系町、池袋、中野、葛西等地區下車,有些比較大的飯店會跟利木津巴士合作,直接停車在飯店前,對於住宿的遊客相當便利,例如池袋王子飯店。

http reurl.cc/RWRdRn

京急巴士

京急巴士也是可以從羽田機場進出東京與近郊的巴士,會停靠在橫濱、錦系町、澀谷、吉祥寺、迪士尼等站,價位也都大概在1,000日幣左右,直達車相當方便。

http www.keikyu-bus.co.jp/zh-CHT/airport/

京急電鐵

京急電鐵能夠一路通往品川之外,因和都營淺草線直通的關係,還可一路到淺草、日本橋、新橋等地區,相當方便。如果行李不是太多也可以選擇搭電車,不用擔心塞車問題。

售票地點:至京急電鐵站的售票機就能購票。

http www.haneda-tokyo-access.com/tc

優惠套票

京急電鐵的套票有兩種:
- 「羽田&Tokyo Subway Ticket」:此套票內容有包含羽田機場來回一次車票加上東京地下鐵與都營地下鐵(24/48/72小時)乘車券,地下鐵乘車券可以選擇要可以選24/48/72小時,越多小時價格會高一些。
- 東京1DAY票:車票內容包含羽田機場進東京的票,以及都營地下鐵、都營巴士、都電荒川線的一日車票,價格為1,220日幣。

高速巴士

製表:鹿過日本(資訊時有異動,請以官網為準)

巴士公司	停靠點	行車時間	票價	售票地點
利木津巴士	新宿	約50分鐘	1,400日幣	在羽田機場巴士售票處即可購票,也可先行上網訂票後使用QR code搭乘
	淺草	約70分鐘	1,200日幣	
	池袋	約80~130分鐘	1,400日幣	
	中野	約70分鐘	1,400日幣	
	六本木	約35分鐘	2,800日幣	
京急巴士	橫濱(YCAT),橫濱各地點價格不一樣	約25分鐘	650日幣	在羽田機場3個航站都有巴士票售票處,先行前往購買後再去乘車處等候
	錦系町	約50分鐘	1,000日幣	
	澀谷	約60分鐘	1,100日幣	
	吉祥寺	約60分鐘	1,300日幣	
	迪士尼	約60分鐘	1,300日幣	

京急電鐵

製表:鹿過日本(資訊時有異動,請以官網為準)

票券種類	票券	票價
羽田&Tokyo Subway Ticket	羽田機場來回一次車票+都營地下鐵、都營巴士、都電荒川線(24/48/72小時)乘車券	24hr:1,400日幣 48hr:1,800日幣 72hr:2,100日幣
東京1DAY票	羽田機場至泉岳寺車票+自由東京的地下鐵全線(都營地下鐵、都營地下鐵、都營巴士、都電荒川線)1天的車票	1,220日幣

東京單軌電車

搭乘東京單軌電車(東京モノレール)同樣也可以從羽田機場到東京市區，有分機場快速、區間快速、普通車這3種不同速度的車，建議可以搭機場快速，大概在15分鐘內就能抵達機場。

售票地點：東京單軌電車的每一站都可以買車票

http reurl.cc/yYWyol

▲東京單軌電車車廂

日常生活資訊

時差

日本與台灣時差1小時，日本的時間比較快，手機可設定調整，顯示當地時間，以免錯過行程或交通搭乘時間。

氣候與服裝

東京四季變化明顯，春天和秋天兩個時期的天氣較涼爽，溫度大約在15～20幾度，日夜溫差較大，建議要帶件薄外套。冬季從大約從12月開始會變寒冷，到了1月左右會進入最冷階段，建議穿件羽絨外套、圍巾、發熱衣褲，且進入室內都會有暖氣，毛衣可以不用穿太厚，再加上東京不太下雪的關係，基本上鞋子選擇舒適的即可。

電壓

日本電壓為100伏特，跟台灣相差10伏特，基本上電器互通使用。

小費

日本在飯店或是餐廳等地方都沒有需要額外付小費，只要付應付金額即可。

生活習慣

日本的生活習慣有許多小細節需要注意，例如搭電車時一定要注意音量，電車上不能大聲喧嘩、講電話。在餐廳等地方付錢時，桌上有小盤子的話可以放在小盤子內，或是結帳櫃檯上。

退稅

只要看到商店內有寫購物可退稅或掛有「Japan Tax Free Shop」的牌子，單筆「未稅」金額超過5,000日幣以上，就能在店內申辦退稅，辦理手續需要護照。

切記：勿把發票全留著到機場再退稅，日本的機場沒有退稅服務。

▲有寫Tax free的看板，就是可免稅的

實用APP資訊

可以下載手機APP「乘換案內」或是「Japan Travel by NAVITIME」，查詢電車搭乘時間與轉乘方法都非常方便！

旅日必下載APP推薦

■ **ecbo cloak**：提供可將行李寄放在一般店家的服務，搜尋所在地附近有配合的店家，預約數量與寄放時間，線上付款後就可拿去寄放。

■ **街口支付**：街口支付與日本Paypay支付合作，在日本可以掃Paypay條碼，就能結帳。現在刷還可享有回饋。

■ **JapanTransit**：來日本最怕交通不知道怎麼走，使用這個APP就能夠查詢日本交通搭乘方式，寫得非常清楚。

■ **Disney Resort**：來迪士尼一定要事前下載這個APP，園區內的地圖、快速票等的都需要使用APP。另外也可以用APP預約餐點，這樣就不用排隊點餐，超級方便。

■ **VoiceTra**：來日本要是語言不通也沒關係，這個APP可以快速翻譯，又非常精準！是目前測試下來，最讓我驚艷的一款語音翻譯APP！

■ **Payke**：想知道藥妝店賣的東西到底是什麼用途，什麼效果的話，可使用這個APP掃條碼，就能夠清楚知道商品的中文介紹。大部分的商品都可以找到，還可以在APP存下想買的藥妝清單。

東京地下鐵快易通

鐵路系統

東京的鐵路發達交通方便，可說是日本最複雜的鐵路系統，總共有JR、東京地下鐵、都營地下鐵。因為鐵道線路非常多條，對初來乍到的旅客來說有些許難度，以下要來一一介紹各個鐵路路線，以及搭乘撇步給大家。

東京地下鐵

東京地下鐵跨越了整個東京23區，地下鐵可分為「東京metro」和「都營地下鐵」，東京metro有9條線，都營地下鐵則有4條線，有些線路還會跟其他家公司的電車線路連接在一起，同一條月台可能會有往不同方向的電車，在搭車前建議一定要查一下APP，確認一下自己要搭哪一台才可以抵達目的地。

reurl.cc/j3VdZM

▲每條線路都有專屬的顏色

都營地鐵

淺草線、大江戶線、三田線、新宿線這4條線路皆為都營地下鐵所營運的地下鐵，由於都營地下鐵蓋的時間比較晚，因此鐵道蓋在特別深的地方，下樓要下好幾層。這幾條線路同樣連接了許多熱門觀光景點，新宿、九段下、六本木、築地市場、淺草、日本橋等等的站都有到。

其中都營淺草線非常特別，連結了前往成田機場的京成電鐵與前往羽田機場的京濱急行電鐵(京急電鐵)，讓旅客可以方便前往兩個機場。

reurl.cc/97ANXO

JR東日本

JR有分為JR東日本、JR西日本、JR東海、JR北海道、JR九州、JR四國等不同的區域，每個地區由不同的公司去營運，東京屬於JR東日本的營運範圍內，JR在東京的交通運輸上占有非常重要的位置。在東京都內的JR山手線、京濱東北線、總武線、中央線這幾條線路都會是我們來東京旅遊時時常會搭乘的線路。

其中山手線是日本第一條環狀線，沿途經過東京各大熱門景點，一條線全部串接起來。山手線有分內環與外環方向，要搭乘前可以先看一下自己的車離哪一個方向近，以免搭錯得繞一大圈。

如果要去到外縣市時常會需要搭的新幹線，也是由JR各個公司去營運，要買新幹線票券也是得到JR車站才可以買到。

reurl.cc/nrbdnl

19

搭乘撇步

■ 認車站顏色

東京地下鐵每條線路有專屬的顏色，丸之內線是紅色、東西線是藍色、半藏門線是紫色、有樂町線是金色、副都心線是棕色、日比谷線是灰色。看顏色認得是哪條線，快速幫助找到路線！

▲每個路線都有自己的顏色，可以認圓圈上的顏色找到路線

■ 看電車到達時間

在月台上都會有電車預計進站的時間，上車後在門口上方的電子看板上則會標示各站預計還有幾分鐘到站。

■ 快速、急行與各停

東京地下鐵有些線路比較長，因此電車依照不同班次會分為快速、急行與各停。

快速、急行這兩種會跳過某些站不停，快速到達比較遠的站。各停則是會每站都停，行車時間較長。

■ 女性專用車廂

搭乘電車時要注意的是平日早上時段，大概是7～9點，第一節車廂或是最後一節車廂會是女性專用車廂，車廂的玻璃上都會貼上標示，建議男性朋友們可以避開這節車廂搭乘，不然就會發現自己會是車廂內最特別的一位。

■ 使用乘換案內APP

日本的電車交通極為複雜，車站眾多，乘換案內APP能夠迅速查詢你想要前往的地方該如何搭乘電車，列出電車的行車時間，並提供月台換車的詳細資訊。

此外，還提供即時更新的交通資訊，確保你能夠隨時隨地獲取最新的行車狀態。對於初次造訪的旅客，絕對是一個必備的好幫手，讓你在日本的交通網絡中輕鬆自如地穿梭。

 Step 至App store搜尋「乘換案內」，下載後打開。

 Step 輸入現在所在地、目的地。

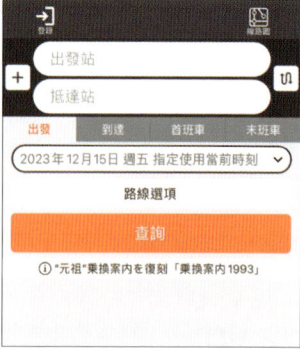

 Step 即可快速查找到列車的搭乘方式。

車票介紹

最近西瓜卡與Pasmo交通儲值卡因為材料短缺緣故，暫時販售一般的實體票卡，僅能在成田和羽田機場JR東日本旅行服務中心才能購買到觀光客版本的「Welcome Suica」，如果有想買實體卡片的話，一定要先在機場購買，每人僅限購買1張，使用期間為28天。

▲這張卡片僅有觀光客可以購買
（圖片來源：JR東日本）

■ 單程票購票步驟

在車站驗票口處都會看到交通卡、車票的販售機，在此能買到需使用的車票也可以加

值。若需購買交通票卡，則點選左下方的Pasmo按鈕。購票機可以選擇更換語言選項，換至中文介面。

Step 1 語言選擇：點選右上角選擇中文。

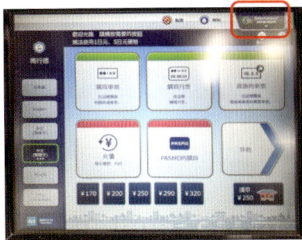

Step 2 選擇目的地票價：
參考售票機通路線與價格看板，找到自己要前往的車站名後，看車站名上方寫多少價格，並使用車票販售機點選同等價格的按鈕。

Step 3 選擇張數投入金額：
點選想購買的票數，並投入金額即可完成購票。

Step 4 取票

Step 5 插入驗票過閘口

｜玩｜家｜筆｜記｜
搭車注意事項

使用交通票卡進入車站時，如果金額不足的情況下會被限制無法進入站內，得先使用加值機補足金額才能夠進站，建議搭車時抓充足一些時間，以免因為加值而錯過搭車的時間。
此外，地下鐵的某些線會將電車分成「急行」與「普通」，通常急行電車會略過幾站不停，普通電車則是每站都會停，因此搭車時一定要注意看電車是否有停靠自己要去的車站喔！

手機綁定支付

iPhone用戶可在手機上安裝Suica卡，讓日常通勤與購物變得更加便利。

只需將Suica卡添加到 Apple Wallet，即可輕鬆使用iPhone進行交通支付或購物付款，無需攜帶實體卡片。

這項功能適用於iOS 10.1以上版本的iPhone，不論是在日本乘坐電車或巴士，還是進行小額購物，iPhone的Suica功能都能幫你節省時間，提升生活效率。要注意的是，必須是iphone7以上的機型才適用。

綁定步驟

 Step 1 安裝方式很簡單，首先打開Apple 錢包，點擊右上角「＋」。

 Step 2 在交通卡中找到Suica交通卡。

 Step 3 如果要新增卡片，就點繼續。

 Step 4 設置想要儲存的餘額。

 Step 5 完成設定，接著就可以開始使用Suica卡。

｜玩｜家｜筆｜記｜
注意事項

1. 日本Suica卡不能變成負額，變成負額的話就會出不了站，因此記得出站前先確認一下是否餘額，才不會被卡住。
2. 卡片的感應部位是位在手機靠近相機方向的前側，這樣會更好感應到。

東京四大印象

東京是日本最熱鬧的城市，任何先進、新奇的店鋪、美食都會選擇在東京落腳。季節感強烈的日本在每個季節都會精心布置，配上大自然的櫻花、紅葉又或是人工的聖誕裝飾，每次來東京都能感受到街頭的變化，也因為每個月分都能看到不一樣的東京，讓人不管來幾次都不會感到膩。

這次針對每個季節選出我最喜歡的觀賞景點，希望大家在這些季節來到東京時，可以更加快速知道自己想去哪裡遊玩。

四季美景東京巡禮	P.24
美妝藥妝美麗絕對購	P.28
超商食品好吃沒得挑	P.32
「無料展望台」展現東京最有料	P.34

東京四大印象

印象1

四季美景東京巡禮

日本一年四季變化明顯，春夏秋冬都各有特色，即便同個景點去好多次都不會膩！

春

1 中野通櫻花祭
3 人氣賞櫻景點

中野通

西武新宿線「新井藥師前」站 步行約5分鐘

從西武新宿線新井藥師前車站附近的中野通，一路延伸到中野車站大約30分鐘的路程，每到春天就會開滿櫻花。

在新井藥師前站附近有個天橋，是非常有人氣的拍照景點，在這裡能拍到西武電車經過時搭配櫻花的美景。

拍照結束後可以往中野車站方向慢慢散步過去，沿路都是盛開的櫻花交織在一起，美不勝收。

2

⏰ 大約在3月底～4月初(每年些許有變化)
❓ 可上「櫻前線」查看預計開花日期

櫻神宮

東急田園都市線「櫻新町」站北口 步行約2分鐘

位在東急電鐵田園都市線櫻新町站的櫻神宮，光聽名字就覺得這裡的櫻花一定很厲害。在神社內有好幾大棵河津櫻樹，多在神殿的兩側，河津櫻的盛開時間會比其他櫻花早，櫻花顏色也比較粉紅，盛開時非常漂亮，整個神宮彷若仙境，無論是拍照還是散步，都是一場視覺與心靈的享受。

此外，對於喜歡收集御朱印的人來說，更是不可錯過。這裡每年都會推出特別設計的櫻花限定御朱印，圖案精緻且富有紀念價值。

4

⏰ 大約在2月中～3月初

東京四大印象

四季美景東京巡禮

1.黃色電車配上櫻花是人氣必拍景色／2.滿開的櫻花就像是櫻花隧道／3.美麗的櫻神宮／4.每年都有不同的限定御珠印／5.盛開的繡球花適合拍人像／6.下午時會逆光也很好拍／7.看煙火前會有演唱會／8.看台賞煙火

夏

美麗的繡球花牆 5

三大熱門花火大會之一 7

舊中川

JR總武線線「平井」站南口 步行約11分鐘

位在總武線平井站步行約10分鐘左右，就能來到這條舊中川，這個景點在春季與夏季時會非常熱門，春季會盛開河津櫻，夏季左右則會盛開繡球花。繡球花的數量非常多，花朵的密集度變成一大片美麗的花牆，天氣好的話就能拍到美麗繡球花與晴空塔的美景，稍微等一下還可以連同總武線的電車一同拍攝，是這幾年相當熱門的繡球花景點之一。

大約在6月中～7月初

神宮外苑

東京地鐵銀座線「外苑前」站 步行約10分鐘

從1980年左右開始，每年都會實施的神宮外苑花火大會是東京三大熱門花火大會之一，固定在夏季施放，地點就在神宮外苑周邊的球場，總共開放4個球場讓大家可以購票入場觀賞煙火。施放的煙火數大約1萬多發，陸續在夜空中綻放，現場還會有音樂表演一直到煙火結束，氣氛非常的隆重盛大，即便不買票，在場外的街道上也能感受到煙火的震撼。

http www.jinguhanabi.com(快接近煙火大會時會更新頁面)｜大約會在8月中施放

25

秋

熱門銀杏景點 1　　　紅葉銀杏最迷人 3

外苑前　　東京地下鐵銀座線「外苑前」站 步行約5分鐘

外苑前一直以來是相當知名且熱門的賞銀杏景點，尤其是在秋季，更是吸引大量遊客和攝影愛好者前來一睹風采。大馬路兩側整齊排列著高大挺拔的銀杏樹，這些樹木經過精心修剪，上窄下寬的獨特形狀，彷彿一排排自然的綠色拱門。深秋時節瞬間變成金色銀杏地毯大道，景色美得令人陶醉。如果希望拍到清晰、壯觀的照片，建議一大早就來，比較可以避開擁擠的人群。

大約會在11月初～11月底變黃

六義園　　東京地下鐵南北線「駒込」站 步行約7分鐘

六義園是從江戶時代建造好的庭園，被稱為東京兩大庭園之一，每到秋天，這裡的紅葉非常壯觀，深受日本人的喜愛。日式庭園的設計占地非常廣，不僅能看到紅葉也能看到銀杏，紅黃綠交雜的景色非常迷人。到了夜晚在限定期間內還會點燈，和白天的氣氛非常不一樣，推薦來日本一定要來看一次！庭園內還有抹茶專賣店，點一杯坐在店內，邊欣賞紅葉邊喝抹茶，相當愜意。

大約會在10月底～11月底開始轉紅葉

東京四大印象 / 四季美景東京巡禮

1.像牙籤刷的銀杏大道／2.銀杏隧道／3.秋季賞楓人氣景點／4.四季分明的六義園，景色非常美麗／5.聖誕節時會點燈／6.六本木的聖誕點燈每年會更換主題／7.大井競馬場漂亮的燈飾步道／8.門口有美麗的標誌

冬

浪漫聖誕燈飾　5

美麗的聖誕彩燈　7

六本木

東京、都營地下鐵「六本木」站 步行約7分鐘

大井競馬場

東京單軌電車「大井競馬場前」站 步行約2分鐘

位在六本木的Midtown和櫸木坂，是欣賞浪漫聖誕裝飾的熱門約會景點，每年聖誕節期間，這兩處地方都會吸引大量遊客前來觀賞閃爍迷人的聖誕燈飾。點燈時刻到來，整個街道和建築物都被覆蓋上璀璨燈光，形成如夢似幻的聖誕景象，宛如進入童話世界。

在櫸木坂散步，可以遠眺到東京鐵塔在夜色中閃耀的身影，形成與燈飾相映成趣的絕美景致。

大井競馬場是這幾年比較新的聖誕景點，這裡平時是競馬場，到了夜晚會點上美麗的聖誕彩燈，五顏六色的樣子十分繽紛。

這裡距離濱松町很近，從「濱松町站」搭東京單軌電車只需要8分鐘即可到達「大井競馬場前」站，下車後再走2分鐘就抵達目的地。大井競馬場需要付費入內，依照季節價位不同，建議上官網確認詳細資訊。

11月底～12月25日左右

http://www.tokyomegaillumi.jp　每年不一樣

印象2

美妝藥妝美麗絕對購

來東京旅遊一定不能錯過美妝店或藥妝店,特別要買些當地限定的美妝商品帶回家,這邊要介紹幾間日本知名,以及我個人多年來的經驗累積愛用推薦,來一趟東京一定要把美麗帶回去。

松本清

日本數一數二大的藥妝店:松本清(マツモトキヨシ),相信很多人都不陌生,也都會在熱門觀光區看到標準備配黃藍色的店鋪。松本清以美妝保養商品為主,也有推出自家品牌的藥品與保養品,價格也相對便宜,因時常有外國旅客的關係,大多店鋪都有安排會講中文的員工,溝通起來讓人很放心。

PLAZA

這間連鎖的雜貨店裡面賣的商品真的非常五花八門,店內的商品偏可愛風,從包裝色彩繽紛的零食、帽子、包包等,美容小家電、彩妝品、保養品各式各樣都有,最新上市的彩妝品也會在此展示,並提供試用品讓客人使用,如果你對多元化的雜貨店有興趣,一定要來這裡挖寶。

BIC CAMERA

想不到在電器行也可以買藥妝吧!BIC CAMERA許多間店內也有一些藥妝品,如果你有打算買藥妝和電器,不想跑太多地方的話,可以來這裡逛逛,只是種類可能不會比專門藥妝店來得多。此外上網還可找到免稅後再折扣的優惠券,關鍵字查詢BIC CAMERA優惠券。

東京四大印象

美妝藥妝美麗絕對購

@ cosme

　連鎖彩妝保養品店，裡面除了許多熱門彩妝外，還有一些在藥妝店不常看到的保養品牌，這間店每年還會推出「@cosme大賞」，自2000年創立獎項以來，超過20年的評鑑名單，無疑是每個女孩的購買指南！

SUGI 藥局

　SUGI(スギ)藥局店在東京、大阪的觀光地區時常會看到，會在店門口會放置許多特價商品，商品數非常豐富是一大特色。這間藥妝店和其他間店家比起來，擺設明確、店鋪明亮，絕對讓人有極佳的逛店體驗。

OS Drug

　OS Drug(オーエスドラッグ)藥妝店的店鋪數沒有那麼多，主要分布在東京、大阪、神戶等地，會受歡迎的其中原因是這間店的商品價格相當便宜，即使不接受退稅，價格也比別人退稅完的更划算。最有名的店鋪在上野阿美橫町內，有打算來上野逛街的話，可以順便來找找有沒有想買的東西。

驚安殿堂・唐吉訶德

　唐吉訶德(ドンキホーテ)什麼都賣什麼都不奇怪，從家電、彩妝品、居家用品、行李箱、零食等等都能找到，唐吉軻德之所以會受歡迎，除了商品豐富且多元化之外，價格也相當便宜，讓許多人來日本旅遊一定都會找時間來逛逛。在澀谷新宿都有非常大間的店鋪，推薦可以來這些地方探店。

超好用美妝保養推薦

乾淨不緊繃

ROSETTE洗面乳

針對不同肌膚狀況設計多款洗面乳,每一款我都有使用過,特別推薦綠色礦物泥成粉的洗面乳,使用起來可以把臉洗得很乾淨,卻不會感到有乾燥緊繃感。

便宜又好用

ROSETTE去角質凝膠

定期去角質可以讓保養品更有效吸收,化妝時妝容也會更服貼。這款去角質凝膠我已經用了好幾罐,不僅搓掉臉上角質時清理得很乾淨,洗完後的臉也超舒服。

柔軟好卸妝

Bifesta卸妝棉

這款卸妝棉是我用過眾多開架卸妝棉當中最好用的一款,一整張攤開非常大張,滿滿的卸妝液,輕輕擦拭就能去掉彩妝,而且紙張非常柔軟,不會摩擦讓臉不舒服。

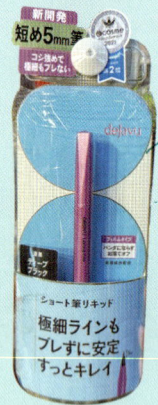

天氣再熱都不脫妝

dejavu 眼線筆

夏天總是因為流汗讓眼線很快就消失嗎?那可以試試看這款眼線筆,無論再熱的氣候也都能讓你完美維持不掉妝。

居住日本多年,使用過的彩妝保養品沒有上千也絕對有數百種,但有幾款商品是我一直持續使用非常推薦,大家來日本的時候可以買來用看看,自用或是當作伴手禮都非常棒。

基本上這些商品在每一間藥妝店都能夠找到,但是每間店的價格多會不太一樣,有時間的話可以多走幾間比價看看。

30

東京四大印象　美妝藥妝美麗絕對購

冬季必備商品

MINON保濕乳液

日本的冬天非常乾燥，需要使用保濕度較佳的乳液才不會讓臉部脫皮，這款Minon保濕乳液沒有添加香料，敏感肌也可以使用，價格上也非常親民，簡簡單單的包裝拿來送禮也很適合。

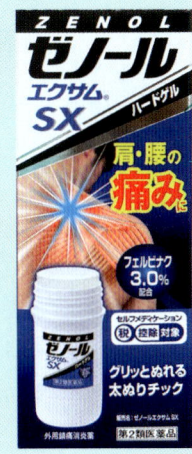

好吸收，不黏膩

ZENOL 肌肉痠痛膏

這款痠痛藥膏也是我的常備，偶爾肌肉痠痛時就可以馬上拿來用。因為是用塗抹的方式，不用擔心像痠痛藥布會掉下來或貼太久皮膚不適。此外這款痠痛藥膏塗上去後也不會感到黏膩感，很好吸收！

腿部水腫救星

QttO壓力襪

如果你會需要長時間走路或是久站，到了晚上總是會腿部水腫痠痛的話，不妨試試看晚上穿這種壓力襪睡覺，不僅可以預防靜脈曲張還能夠舒緩水腫，隔天起床雙腳也可以會很輕盈喔！

幫助腸子蠕動

新表飛鳴 S+

有時候吃太多大魚大肉，腸胃變得不容易正常運作，便秘一來就是好幾天。有這種情況就可以吃吃看新表飛鳴，藥丸內有好幾種菌種，幫助腸子增加蠕動，讓體內廢物可以更順暢排出。

溫和不傷胃

EVE止痛藥

EVE止痛藥在日本相當有名，許多人會放在家裡以備不時之需。這款有出多種不一樣的止痛藥，專為生理痛的、頭痛的等，吃起來溫和不那麼傷胃。

31

印象3

超商食品好吃沒得挑

日本的便利商店，不僅在日本國內無處不在，也以其高品質和多樣性的商品聞名於世。各式各樣的美食，從新鮮的便當、壽司到甜點和烘焙商品，滿足顧客的各種口味和需求。

日本的7-11便利超商不定期都會出一些限定季節食品，自家品牌的商品數非常的多！這次選了6樣自家商品，都是很適合帶回飯店後配酒吃，或是當伴手禮送給親朋好友。

配啤酒最對味

起司鱈魚條

起司的外層包夾著兩條薄薄的鱈魚，小包裝的設計非常好隨身攜帶。

口感扎實

巧克力蛋糕

小小一塊非常扎實，適合當下午茶點心，配上一杯無糖茶飲或咖啡剛剛好！

超香超辣超好吃

中本蒙古辛旨飯

與日本知名拉麵店合作推出的商品，類似茶泡飯的設計，加在飯裡面的湯是中本蒙古拉麵家拿手的辣味高湯，超香超辣超好吃。

甜而不膩

巧克力餅乾

一小片一小片的巧克力餅乾，甜而不膩。

口感像冰棒

冷凍葡萄

打開就可以直接吃，口感有點像冰棒，會讓人想一顆接著一顆給吃下去。

超大片很有飽足感

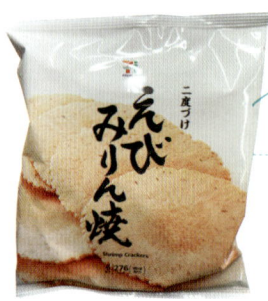

蝦餅

蝦餅非常大一片，要吃之前可以先簡單的壓碎，吃起來非常的香！

在 日本同樣相當有人氣的便利超商LAWSON，明亮的店家與藍色的牛奶瓶可愛招牌，吸引許多旅客來日本旅遊時一定會來逛逛。LAWSON同樣也有賣自家生產的食品，挑了幾樣是個人最愛分享給大家。

東京四大印象

超商食品好吃沒得挑

鹹香有咬勁

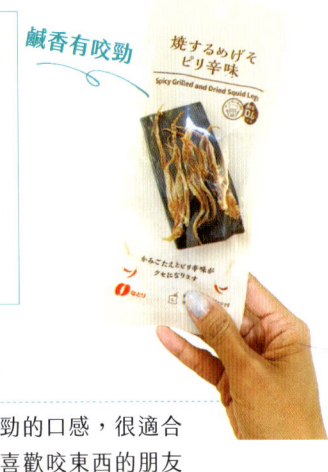

烤烏賊餅乾
口感鹹甜酥脆

酥脆的口感，吃起來喀哩喀哩，讓人會想要再多咬兩下。味道吃起來甜甜鹹鹹，非常好吃也非常適合配酒。

烤烏賊腳

非常有嚼勁的口感，很適合牙口有力，喜歡咬東西的朋友們。吃起來鹹香，邊喝啤酒邊吃很唰嘴。也可以用烤箱或瓦斯爐烤一下，會更好吃。

軟Q口感

大福

內裝是一顆一顆小包裝，很適合下午時刻和朋友們一起分食享用。比起一般外面的大福還要小一點，不用擔心吃完一顆會太飽。

有飽足感

蔬菜奶昔

出門在外可能會比較少吃蔬菜水果，這時候可以買杯蔬菜奶昔增加一點蔬菜量，喝起來很有飽足感。

有嚼勁很順口

豬耳朵

這裡的豬耳朵沒有添加過多的調味料，清清淡淡的口感很適合當晚上嘴饞的宵夜。

有許多種口味

炸雞君

LAWSON自家的熱門炸雞，一盒裡面會有6小塊，口味有許多種可以選擇。其中最常買的是辣味，微辣口感並不會讓人辣到受不了，帶有點辣椒的香氣非常好吃。

33

> 印象4

「無料展望台」展現東京最有料

有別於台灣山巒起伏的景色，東京廣闊的平原地形，讓東京的視野非常遼闊。從展望台由高處眺望，感受發達的熱鬧都市，無論白天或夜晚景色都各有千秋各自美麗，甚至有不少是不需付費的展望台，是來東京旅遊時一定要加入活動。

整理了3個風景優美會想再次踩點的好景點，分別看到不一樣的東京風貌，挑選你最喜愛的景點，加入未來的行程表吧！

汐留
Caretta sky view

> 都營大江戶線「汐留」站
> 新橋站方面出口

1.有專用入口可上去／2.可看見美麗的都市風景／3.景色越晚越漂亮

位在汐留站的Caretta購物商場內的46與47樓有個免費的展望空間，sky view能夠欣賞到台場、彩虹橋與東京京門大橋等東京灣美景。白天與夜晚各有不同的感覺，想要兩種景色都欣賞到的話，建議可以在下午左右前往，一次欣賞完早晚兩種風景。

此外，在Caretta Shiodome的46樓這裡有許多間高級餐廳，能夠邊欣賞東京灣美景邊享用美食，或許能在這裡找間有興趣的餐廳，來一場優雅放鬆的美好夜晚。

```
http  www.caretta.jp/skyrestaurants/#sky-
View ｜ ⊚ 東京都港區東新橋1-8-2 ｜ ⏲
11:00～23:00 ｜ ⧖ 30分鐘
```

東京晴空塔城 Solamachi 30 樓

半藏門線「押上」站 B3或A2出口，步行約1分鐘

　在東京晴空塔城的30樓有個能免費欣賞高樓風景的空間，若是沒時間上到東京晴空塔城的付費展望台，可以前來此處走走逛逛，這裡是高樓的餐廳層，餐廳外是大片落地玻璃窗，能夠毫無遮擋的眺望遠方。大家可以上來找餐廳之外，單純想欣賞風景也可搭直達電梯上來(詳見P.130)。

www.tokyo-solamachi.jp/tcn｜東京都墨田區押上1-1-2｜30樓餐廳樓層11:00～23:00｜30分鐘

1.可看到東京晴空塔／2.很多人會上來欣賞風景／3.東京的房子密密麻麻

東京四大印象

無料展望台展現東京最有料

KITTE 購物中心屋上庭園

丸之內線「東京」站 地下道直通

　東京車站丸之內口出站步行約5分鐘的KITTE丸之內購物中心，4樓有個免費且能夠欣賞東京車站周邊美景的屋上庭園。庭園的空間寬廣，有許多地方可以坐下來休息，看看復古東京車站與現代建築物的特色之處。白天的風景雖然很美，但夜晚的東京車站會打上燈光，展現東京車站不同的風情。因此建議可以選擇在晚上前來此屋上庭園，看看夜晚燈火通明的熱鬧東京美景(詳見P.53)。

1.可看到漂亮的東京車站／2.夜晚的展望台很有氣氛／3.觀景台在白天是個逛街時想休憩的好選擇

/reurl.cc/v0GnKa｜東京都千代田區丸之內2-7-2｜(03)3216-2811｜週一～五11:00～23:00、週末11:00～22:00，依天氣狀況可能會休息｜30分鐘

東京地鐵分站導覽

東京，日本最繁忙且人口密集的都市，擁有極為發達的交通網絡。無數條線路交織在城市的每一個角落，每天承載著數以萬計的乘客穿梭於東京的街道和地下。東京地下鐵和JR線路，不僅是東京交通的主脈，也是探索東京不可或缺的工具，許多知名景點都可透過這兩條主要線路輕鬆到達。

本書將為讀者詳細介紹透過東京地下鐵能夠到達的各大景點。無論你是第一次來到東京，或是再次探索這座城市，這些車站附近的景點和美食將成為你最完美的東京回憶。

丸之內線	P.38
銀座線	P.70
半藏門線	P.122
日比谷線	P.134
千代田線	P.164
東西線	P.182
有樂町線	P.194
都營淺草線	P.204
東急世田谷線	P.216
京王井之頭線	P.222
京王線	P.236
都電荒川線	P.238

東京地鐵分站導覽

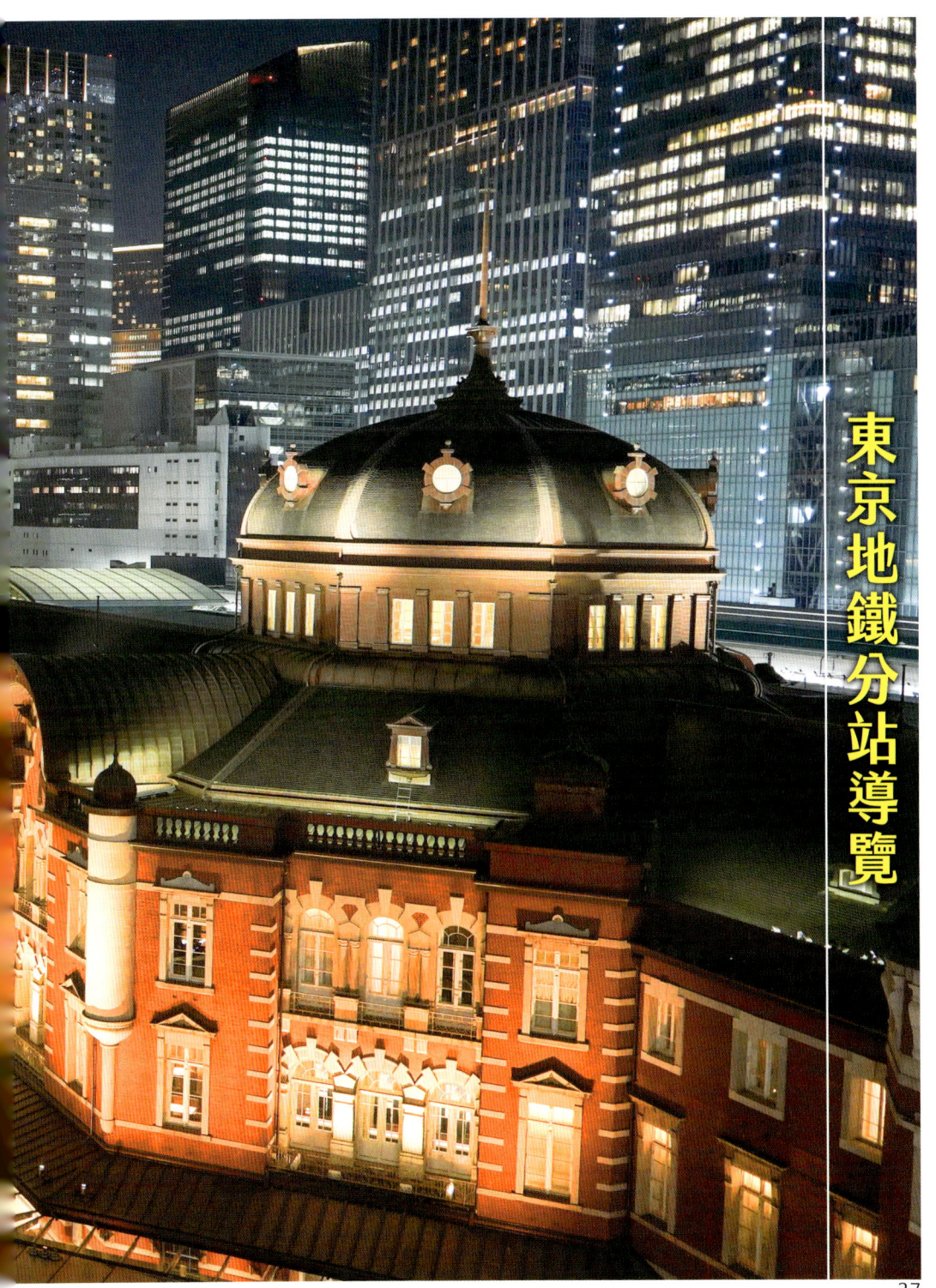

丸之內線／Marunouchi Line

08 新宿 Shinjuku

◀西新宿　　新宿三丁目▶
Nishi-Shinjuku　Shinjuku-Sanchome

新宿，作為東京年輕時尚和流行文化的核心地，是購物愛好者的天堂。匯集了眾多著名的百貨公司，如京王百貨、小田急百貨、伊勢丹和Lumine，各自擁有獨特的魅力和專賣產品。不論是尋找最新的美妝保養品、探索當季的時尚穿搭，還是品嚐美食佳餚，新宿都能滿足你的需求。

新宿站不僅匯集了JR線、地下鐵和私人電鐵，從新宿出發到東京各地都極為便利，連接東京與周邊縣市的高速巴士站也設在新宿南口，使得這裡成為一個從早到晚都充滿活力和熱鬧非凡的地方。

新宿站
周邊街道地圖

轉乘資訊

JR東日本、京王電鐵、小田急電鐵、都營地下鐵、西武鐵道

38

1.夜晚歌舞伎町的新宿相當熱鬧／2.女生要來歌舞伎町的話建議別單獨一人／3.好吃的關東煮／4.買outdoor相關東西可以到Alpen TOKYO／5.想買時尚衣物推薦來新宿／6.新宿西口有許多相機相關店舖／7.東京都廳／8.東京都廳展望台免費可上去觀賞／9.東口有超大間迪士尼商店

丸之內線

新宿｜東京｜御茶之水｜池袋

在地推薦

LUMINE EST Shinjuku

時下最流行的服飾配件聚集地，推薦先來地下一樓逛一圈，包準要大包小包才能走出來。(見P.46)

遊客必訪

Alpen TOKYO

東京都內最大運動品牌旗艦店，各種運動品牌服飾、用品都買得到，來新宿不可錯過。(見P.46)

作者最愛

HARBS

超人氣的水果蛋糕排隊名店，首推千層水果蛋糕，使用當季新鮮水果，又甜又香的美味蛋糕是來新宿的必吃美食。(見P.47)

歷史悠久的人氣神社
B10出口 步行約5分鐘

花園神社

1.境內風景／2.境內人潮不是太多，相對寧靜／3.正殿／4.花園神社入口／5.境內非常安靜

在繁華的新宿內，花園神社就像世外桃源一樣，隱身在歌舞伎町的外側，作為新宿總鎮守自江戶時代以來就存在於此地，是歷史悠久的神社。

神社內主要是祈求五穀豐收、商業繁盛、開運、財福、家庭等等。除此之外，在花園神社境內還有「威德稻荷神社、藝能淺間神社」這兩個神社，威德稻荷神社主要祭拜戀愛、求子結緣等跟姻緣相關的地方，另外一個藝能淺間神社則是祈求戲劇與歌曲等演藝順利的神社，許多日本當地想要出道的人們，都會來到這裡祈求！因為可以拜拜的層面很廣，因此在神社裡可以看到許多年輕人、老年人前來參拜。

hanazono-jinja.or.jp｜〒160-0022東京都新宿區新宿5-17-3｜(03)3209-5265｜24小時皆可進去神社，御祈禱09:30～16:30、社務所08:00～20:00

東京特寫

花園神社大酉祭

1.一年僅有數次的熱鬧祭典／2.多種尺寸大小的熊手／
3.人潮洶湧的祭典活動／4.熊手

祭典必看重點

「熊手」上的飾品

♥ 最常見的裝飾品：七福神、米、金幣、烏龜、鯛魚、招財貓。

♥ 御多福：常見笑臉女子的面具裝飾之名稱，象徵招福的意思。

丸之內線

新宿｜東京｜御茶之水｜池袋

花園神社大酉祭會在每年11月舉行，分為3次、每次為期2~3天、各間隔2週。祭典現場除了有一大排的燈籠做裝飾，還會看到許多被稱為「熊手」的竹製幸運符，熊手代表好運，做生意的人多會來購買，希望明年一整年都順順利利，後來衍生為開運招財的吉祥物。

每一個熊手上面會有不同的繽紛裝飾，尺寸有大有小，價格從數千到數十萬都有，效期1年為限，人們會將去年買的帶來神社，由神社進行燒毀，也在此重新購買一個新的熊手。若是第一次購買建議先買小的，隔年再往大的購買，象徵年年生意興隆財運上升。而每當有人購買了熊手，賣出的店家也都會為買家大聲拍手祝賀，非常鏗鏘有力，聽完都覺得真的收到祝賀的感覺。

大酉祭從中午開始，一路到半夜才會結束，各式各樣流動攤位都會聚集於此，建議能夠在夜晚過來，看看熱鬧的祭典。

41

一年四季都很美的大公園
A6出口 步行約8分鐘

新宿御苑

　新宿御苑，昔日皇家專屬的庭園，現轉型為向民眾開放的壯麗綠地，設有新宿門、大木戶門、千駄谷門3個主要入口。這片廣闊的公園四季各有千秋，春日裡櫻花綻放，夏季樹葉繁茂提供涼爽的遮蔭，秋天滿園的紅葉如畫，冬季則銀杏葉落如黃金鋪地。公園不僅展現日式的古典庭園之美，還融合了中式建築與西式庭園的元素，呈現豐富的文化景觀。

　遊覽過程中若感到疲憊，可選擇在園內的星巴克，或是在樂羽亭內品嘗傳統的抹茶，享受一份寧靜與放鬆。考慮到公園的廣闊，建議遊客一進門即領取地圖，以便更好地規劃行程和探索。

1,2,4.櫻花季時會非常漂亮／3.可以帶個地墊來野餐
(以上圖片提供／張芳玲)

fng.or.jp/shinjuku｜〒160-0014東京都新宿區藤町11｜(03)3341-1461｜10/1～3/14：09:00～16:00，3/15～6/30、8/21～9/30：09:00～17:30，7/1～8/20：09:00～18:30｜週一(若遇國定假日則休週二)、年末年始｜大人500日圓；65歲以上、學生250日圓；小孩(中學生以下)免費

42

免費熱門展望台
東京都廳

B17出口 步行約10分鐘

　想要看看東京的美景嗎？位在新宿的東京都廳45樓有兩個展望台，分別是北展望室與南展望室，兩邊都可以免費入場。在展望室內可以欣賞東京都的高樓美景，天氣好的時候還有機會看到富士山！

　展望室的空間很大，環狀式的玻璃繞著走一圈看不同角度的東京都覽。夜晚跟白天的氣氛也很不一樣，推薦下午時段來還可以看到夕陽西下的樣貌。

　在展望室的正中央有一些紀念品賣場，很多日本風的可愛小商品，可以順便逛逛！

1.從展望台可以看到晴空塔／2.商品多樣的紀念品店

reurl.cc/L4Vn9x	〒163-8001東京都新宿區西新宿2-8-1
(03)5320-7890	09:30〜22:00
不定休	免費

兩邊的展望室兩邊的風景各有不同，偶爾會同時開放，也有可能僅開一邊，請依照當日現場指示

新宿夜生活超熱鬧區
歌舞伎町

B13出口 步行約6分鐘

　酒店、餐廳、俱樂部、電影院、飯店、卡拉OK等娛樂場所都聚集於此，歌舞伎町最有特色的就是路口處的大紅色招牌，在許多電影或動漫都曾以這裡做背景。

　夜晚走在歌舞伎町內的話，很有機會遇到正在拉客的牛郎與小姐，路上能夠看到各種酒店招牌，在其他地區比較少能看到，可以來這裡看看新宿的夜生活是長怎樣。

歌舞伎町的人口較為複雜，女生最好不要單獨前往，若遇到居酒屋拉客人員，也千萬不要因為好奇跟著走進店裡

1.最有名的歌舞伎町一番街紅招牌
2.歌舞伎町一番街，夜晚很熱鬧

丸之內線

新宿｜東京｜御茶之水｜池袋

43

超立體俏皮小貓
貓咪廣告牆
A9出口 步行約1分鐘

新宿東口十字路口正前方這面半弧形的廣告牆，是現在新宿非常火紅的新景點。廣告牆除了會有人氣廣告在此播放外，不固定的會出現可愛的3D小貓跳出，頑皮地在牆內玩耍，惟妙惟肖的身影就好像是一隻真的貓咪住在裡面一樣。

有時候這裡播放的廣告還會跟小貓做結合，讓貓咪出現在各家廣告中，非常特別又可愛的設計，有經過的話可以停下來觀賞一下。

[http] shinjuku.xspace.tokyo｜〒1160-0022 東京都新宿區新宿3-23-18 RF 東新宿大樓 CROSS｜07:00～25:00

日本最大旗艦店
迪士尼商店
B6出口 步行約6分鐘

不用去迪士尼樂園就能買到迪士尼的各種可愛商品！位在新宿的迪士尼旗艦店是目前日本最大間的店鋪，從地下1樓到2樓，總共有3層樓。米奇米妮、小熊維尼、漫威、星際大戰等等的各種系列商品都能在此找到。店家會依照不同季節變換店內的擺設與商品，即便一年內來逛好幾次都會有新鮮感！

旗艦店內還有提供印製衣服、包包等服務，透過電腦選擇想要的產品與圖案，下單結帳後隔一段時間就能夠拿到自己印製的商品，圖案選擇性眾多，實在是太吸引人了。

[http] reurl.cc/G4QGex｜〒163-8001東京都新宿區西新宿3-17-5(T&TⅢ大樓B1～2F)｜(03)3358-0632｜10:00～21:00｜「新宿三丁目」站B5出口，步行1分鐘

1.各式各樣期間限定商品，迪士尼愛好者必去／2.東京最大間迪士尼商店／3.多樣的商品讓迪士尼愛好者愛不釋手

電器店大集合
新宿電器街
B14出口 步行約6分鐘

來新宿許多人會喜歡採購日本的電器商品，像是吹風機、電棒捲、除濕機等，都是旅客們常會買的人氣電器。新宿西口電氣街集結了日本有名的電器店，像是Yodobashi Camera(ヨドバシカメラ)、Labi、bic camera都聚集於此。每家電器店的價格雖然有些許不同，但是價差不會太大。沒有時間比價的話，隨意選其中一間購買也沒問題。

〒160-0023東京都新宿區西新宿1-11-1(Yodobashi Camera新宿西口本店) │ 各店家時間不同

1.各種電器、相機專門店聚集於此／2.想看新相機可來YODOBASHI電器店

丸之內線

新宿 東京 御茶之水 池袋

彩妝保養品好逛好買
京王百貨店
B14出口 步行約3分鐘

在新宿想購買化妝品保養品嗎？來京王百貨店就對了！距離新宿西口只要3分鐘左右的距離，百貨公司內有許多各大廠牌護膚美妝在此設店，地下街內有非常豐富的伴手禮商店，各種日本特色美食都能在這裡找得到。

百貨公司內有有免費Wi-Fi，並有外語人員協助辦理退稅，如果買太多還能請百貨公司送到新宿地區的指定飯店，非常適合想大肆採購的遊客。

1.京王百貨店／2.彩妝品超齊全／3.地下室食品街非常熱鬧／4.想買高級伴手禮就來京王百貨店

reurl.cc/E4WbVK │ 〒160-8321東京都新宿區西新宿1-1-4 │ (0570)022-810 │ B1～2F週一～六10:00～20:30、週日、國定假日～20:00，3F以上10:00～20:00，8F餐廳11:00～22:00 │ 休 依照官網資訊

45

超大型運動商品旗艦店
Alpen TOKYO
B13出口 步行約2分鐘

這家店是東京目前最大的運動用品品牌旗艦店，地下2層到地上8層的商場賣著各式各樣運動用品，棒球、桌球、網球、跑步、高爾夫、戶外用品，想得到的東西都有機會在這裡找到，每層樓分門別類，寬廣的空間非常好逛。此外Alpen TOKYO也有賣自家品牌商品，價格實惠品質也滿不錯。

戶外用品區包含最熱門的露營與登山系列商品，許多精緻的露營小配件價格實惠增添露營時的氣氛，喜愛露營的話一定要來逛逛。

reurl.cc/WRy8z7 ｜ 〒160-0022東京都新宿區新宿3-23-7 ｜ 週一～五11:00～22:00，週末、國定假日10:00～22:00 ｜ 依照官網資訊

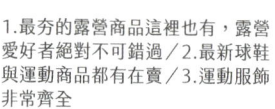

1.最夯的露營商品這裡也有，露營愛好者絕對不可錯過／2.最新球鞋與運動商品都有在賣／3.運動服飾非常齊全

時尚購物行程必去景點
LUMINE EST Shinjuku
A8出口 步行約1分鐘

與JR新宿站地下直通的LUMINE EST Shinjuku是一棟地下2層，地上8層的購物中心。男女服飾、飾品、居家雜貨、美食通通聚集於此，日本最流行的時尚潮流都能在LUMINE EST Shinjuku內找到！許多女性人氣品牌服飾店都聚集在地下1、2樓，女生們一定要來這裡走一圈。

此外，男女都超愛的Beams也在地下2樓設點，300日幣均一價的飾品店Lattice則開在6樓，7、8樓則為超漂亮的美食餐廳區，吃飯購物在這裡可以一次滿足。

reurl.cc/xLoK4N ｜ 〒160-0022東京都新宿區新宿3-38-1 ｜ 購物：週一～五11:00～22:00、週末及國定假日10:30～21:30，餐廳：11:00～22:00 ｜ 依照官網資訊

超人氣手作千層蛋糕
HARBS

A9出口 步行約1分鐘

位在LUMINE EST Shinjuku地下2樓的這間蛋糕店主打千層水果蛋糕，不同季節替換蛋糕夾層中的水果，滿滿的新鮮水果內餡，香甜好吃！假日來時常會需要排隊才能吃到。草莓蛋糕也是HARBS蛋糕店內非常人氣的甜點之一，甜而不膩，分量又很大！HARBS的蛋糕每天現做數量有限，有時候太晚到可能就無法吃到自己想要的口味。

每月會有當月限定口味蛋糕，有甜點之外也有賣一些簡單的鹹食，選擇種類眾多。在店內用餐時有規定低消是一杯飲料，可以點杯無糖茶，配著美味蛋糕，享受甜甜的幸福下午茶。

1.假日需要排隊才能吃到／2.超人氣的千層蛋糕／3.廣受消費者熱愛的巧克力蛋糕

http reurl.cc/orpK3Q｜〒160-0022東京都新宿區新宿3-38-1(LUMINE EST新宿B2F)｜(03)5366-1538｜內用11:00～20:00、外帶11:00～21:00｜依照官網資訊

LA 爆紅早餐登陸日本
eggslut

A9出口 步行約10分鐘

位在新宿的1樓店面，有間在洛杉磯紅遍天的厚蛋漢堡，原先在美國是從一台小餐車做起，後來生意大好並在各地展店，新宿這間是亞洲第一間海外店。這家店的漢堡最大特色就是內含滑嫩厚實的雞蛋，搭配蓬鬆柔軟的漢堡麵包，好吃得讓人一口接一口無法停下來。

eggslut早上8點就開門了，想要吃早餐的話可以來這間店。餐點有許多選擇，漢堡內放的配料基本上都有蛋，剩下的可以選擇肉片的或是青菜多一點，還能追加單品放入漢堡內，搭配度很高。

1.來新宿吃早餐推薦可以來這間／2.現做漢堡分量很有看頭

http reurl.cc/L4VQOK｜〒160-0022東京都渋谷區代代木2-2-1｜(03)6773-0424｜08:00～21:00(最後點餐時間20:30)｜依照官網資訊

新鮮魚骨湯頭特色拉麵
麵屋海神
A9出口 步行約、5分鐘

這家麵屋海神的湯頭非常特別，老闆每天會進新鮮鯛魚、鰤魚等約7種魚，經過熬煮並去除雜質，讓魚骨的鮮味留在湯底，清爽的口感一喝就知道。每個季節的漁獲不太一樣，因此店家每天使用不同魚骨，湯頭喝起來會有些許變化。

麵條也是使用兩種不一樣的小麥粉，細麵咬起來卻非常有嚼勁，拉麵裡面配上很大顆的魚丸子跟肉丸子，吃起來口感非常特別，除了拉麵外，烤飯糰也很推薦，都是其他拉麵店吃不太到的好味道。店家的菜單有中英日文，讓點餐很方便。

1.推薦點個烤飯糰，最後加入拉麵湯裡很好吃／2.今天使用的食材都會貼在牆壁上／3.店內環境

menya-kaijin.tokyo｜〒160-0022 東京都新宿區新宿3-35-7(さんらくビル2F)｜(03)3356-5658｜週一～五11:00～15:00、16:30～23:30，週六、國定假日11:00～23:30，週日、國定假日最後一天11:00～23:00(最後點餐時間為閉店前15分鐘)｜依照官網資訊

九州超人氣必吃大腸鍋
博多大腸鍋 大山
B18出口 步行約1分鐘

博多大腸鍋是日本非常有名的美食之一，火鍋裡面會放有大量的牛腸、豆腐與韭菜，並撒上一些七味粉提味，有嚼勁又柔軟的牛腸吸飽湯汁，非常下飯。湯底有分味噌、醬油、簡單的鹽味鍋，店家最有人氣的是味噌口味。餐點可以選擇單點，也可以選擇搭配好的套餐，套餐會附贈小菜與明太子，午餐有限定套餐，價格會比晚餐來的便宜些。

除了牛腸鍋之外，這間店的炸雞也是必點美食之一，炸雞的酥脆口感配上特殊醬汁，在唇齒間融合出獨特的氣味，非常好吃。

1.福岡的人氣鍋物／2.推薦要點炸雞，有點甜甜鹹鹹的口感

reurl.cc/aLRXGY｜〒160-0023 東京都新宿區西新宿1-5-1 B3｜(03)6258-1511｜11:00～23:00(午餐11:00～16:00、最後點餐22:00)｜依照官網資訊｜建議先線上預約避免到場等候

48

昭和懷舊風味居酒屋
薄利多賣半兵衛

B13出口 步行約7分鐘

　　進到店內就能聽到非常復古的音樂，搭配室內古老玩物與海報，彷彿回到過去昭和時代，非常有氣氛的一家店。店家的菜單有中文，還有附上圖片，讓旅客們可以輕鬆點餐，不會有語言問題。

　　餐串燒、炸物為主，價位如同店名所示，走「薄利多銷」的路線，每道菜幾乎都在100日圓以內。坐到座位後店家會先提供一盤生高麗菜，並在帳單上寫上座位費(お通し代)，是居酒屋常見的固定收費，這費用可以定義為店家的基本服務費，每間店的收費標準會有所不同。

1.吧檯座位區很有氣氛／2.現炸的平價炸物／3.還有烤串類／4.昭和風居酒屋

www.hanbey.com｜〒160-0023 東京都新宿區歌舞伎町1-6-3(東海苑ビル3F)｜(03)6892-1900｜17:00〜23:30

關東煮超便宜吃到飽
呼爐凪來

B14出口 步行約9分鐘

　　500日幣是日本居酒屋常見的小菜費，大多店家會送上一盤小菜，而這家店則是只要花500日幣就能關東煮吃到飽。

　　除了關東煮之外，還有各類日式小菜可以點，價格大多非常平價，很適合和三五朋友一起來配酒吃吃喝喝，好多菜色都好吃！因為位在新宿西口附近，假日可能會滿位，建議大家多抓一些時間等待比較保險。

1.店內很有氣氛，有吧台區跟座位區／2.想吃哪個關東煮都可以跟店員說，店員會幫忙裝到碗裡

gfz9222.gorp.jp｜〒160-0023 東京都新宿區西新宿1-12-7(第二清新ビル3F)｜(050)5493-0707｜週六〜四16:00〜隔日01:00，週五、國定假日前一日16:00〜隔日05:00

丸之內線／Marunouchi Line

17 東京
Tokyo

◀ 銀座 Ginza　　大手町 Otemachi ▶

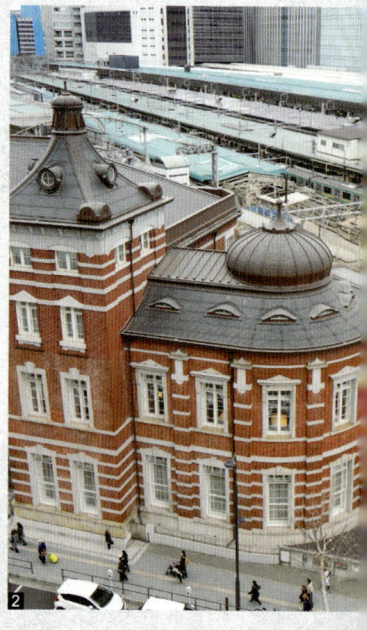

　　東京車站是進出東京的大門，所有熱門主要支線都會經過這一站，要去東北、關西、長野的各個新幹線都會停在東京車站迎接每一位乘客。紅磚復古風格的東京車站也是來到東京必拍必看的特色建築之一，早上跟晚上看的氣氛很不一樣！

　　東京車站外的街道上，時常可以看到新郎新娘在這邊拍婚紗照，是東京非常受歡迎的婚紗景點之一，更增添車站甜蜜的粉紅泡泡氣氛。車站周邊的皇居也是一處值得參觀的景點，不僅是日本天皇的居所，更是國家重要活動的舉辦地。

轉乘資訊
新幹線、JR東日本

東京站
周邊街道地圖

1.夜晚的東京車站許多人會在這裡拍婚紗／2.東京車站建築物蓋得非常漂亮／3.這裡有許多商業大樓／4.丸之內仲通上有許多藝術品可以欣賞／5.皇居距離東京車站不太遠／6.皇居的導覽員／7.聖誕節時周邊會點燈／8.大丸百貨內有許多高級伴手禮可買 (4,6圖片提供／Eric)

丸之內線

新宿　東京　御茶之水　池袋

在地推薦
KITTE 6樓屋頂庭園
　　超熱門的東京夜景欣賞景點，夜晚打燈後，復古且華麗的東京車站，頗有一番獨特日式風情，現場還有許多能坐著休息的空間。(見P.53)

遊客必訪
東京零食樂園
　　想買固力果、Calbee、森永製菓、龜田製菓等熱門限定商品嗎？在東京零食樂園內都能找得到，現場還能買到現烤現做餅乾、薯片等美食，非常特別。(見P.56)

作者最愛
茶寮都路里
　　百年歷史超人氣抹茶甜品專賣店。每一個配料、抹茶粉皆由職人們嚴格把關，精心製作出美味的日式抹茶甜點，抹茶愛好者的你一定要來吃看看。(見P.57)

51

東京車站
東京迎接旅客的大門

丸之內出口出站即可抵達

東京車站集結了JR線、東京地下鐵、新幹線等各式各樣的列車都會通往此站，一天從早到晚都非常忙碌。車站的外部建築是一定要欣賞的景觀，車站是由紅磚瓦建造而成，到了夜晚時還會打上迷人的燈光，很吸引愛攝影的人前來為東京車站拍下美麗照片。

往丸之內口的南北兩側進去後，抬頭看天花板則是呈現圓頂形的設計。圓頂形天花板的邊角中，有著8隻面朝左方的老鷹，象徵充滿著朝氣的生命力。進到車站內後可以找到許多伴手禮、動畫人物的周邊商品的店鋪。

[http] reurl.cc/E4DVqK ｜ 〒100-0005東京都千代田區丸之內1-9-1 ｜ [!?] 進站需要車票

1.紅磚瓦建造的東京車站外觀
2.非常漂亮的屋頂設計

丸之內大樓 5樓展望台
正面欣賞東京車站好去處

丸之內M4出口步行約1分鐘

覺得近距離看東京車站不過癮，想找個高處由上往下欣賞的話，丸之內大樓5樓展望台這個地方就非常適合。展望台的空間並不大，但正對著東京車站，能從遠處欣賞車站外牆設計，是個拍東京車站的絕佳位置。很推薦可以傍晚時來，一次看完白天與晚上的景色變化。這裡除了展望台之外，丸之內大樓是棟購物中心，許多餐廳與服飾店都聚集於此，逛完展望空間還能順便去吃頓飯。

[http] reurl.cc/yYXAEy ｜ 〒100-6390東京都千代田區丸之內2-4-1 ｜ 商店：週一～六11:00～21:00，國定假日、週日11:00～20:00，餐廳：週一～六11:00～23:00，國定假日、週日11:00～22:00；部分商店營業至翌日04:00 ｜ [休] 年中無休(國定假日會調整營業時間，請參考官網)

丸之內線

新宿 | 東京 | 御茶之水 | 池袋

1.KITTE內部看起來非常壯觀，非常有特色的建築風格／2.露天庭園夜晚的風景／3.KITTE大樓外觀很優雅／4.復古郵局時代的相片／5.中央郵局內留下過去的擺設，從這裡也能看到東京車站風景

欣賞東京車站的絕佳地點
KITTE

丸之內M2出口
步行約3分鐘

　KITTE大樓曾是日本郵局，由隈研吾先生改裝內部裝潢，變成現在的購物商城，外牆則是保留過去郵局時代的設計。從地下1樓至地上6樓進駐了各式各樣日本品牌、人氣餐廳、拉麵店，吸引了大量遊客前來購物與用餐。

6樓屋頂露天庭園
　欣賞東京車站的絕佳地點之一是位於KITTE屋頂的露天庭園。這裡有綠意盎然的草地與造景樹木，許多人逛累了都會來此休息，欣賞東京車站與周邊景點。白天與晚上來的氛圍截然不同，隨著夜幕降臨，東京車站在燈光下顯得更加壯麗，而屋頂庭園也被浪漫的燈光點綴。

　這裡是拍攝東京車站側面的最佳景點，能近距離記錄下東京車站的美貌，還能更仔細觀賞建築的細部設計。往高樓大廈的方向看，現代化的大樓與東京車站這座歷史建築形成強烈對比，展現出新舊交融的獨特景觀，讓人深刻感受到東京的都市魅力。

4樓郵局局長室
　為了保有過去郵局的風貌，特地留下一部分郵局的擺設，重現舊東京中央郵局局長室讓大家可以一探究竟。在這裡內部的地板、窗戶都保有過去郵局的設計之外，郵局局長室內有準備數張桌椅，讓大家可以在這邊坐下來書寫信件，是個很復古又浪漫的空間。

marunouchi.jp-kitte.jp｜〒100-0005 東京都千代田區丸之內2-7-2｜(03)3216-2811｜商店11:00〜20:00，屋頂庭園11:00〜22:00｜依照官網指示

皇居外苑

日本天皇迎接外賓場所與居所

丸之內中央口方向 步行約10分鐘

　皇居在過去是江戶城的所在地，幕府時代結束後便改成天皇的宮殿，但在二戰時遭到毀滅，經過長時間的重建，才變成現在我們看到的皇居。皇居除了是日本天皇的住所外，也是天皇迎接外賓的場所，可說是日本地位最高的神聖地。只要申請入內參觀，就有機會能進到皇居內看看天皇們到底住在怎樣的地方。

　申請進入皇居內參觀時，會有專人帶路參觀，能觀看的地方有限制，並不是全部都能去，一定要遵守參觀指示，否則可能提前被請出。進入內部參觀時能夠看到許多過去留下來的遺跡，像是富士見櫓、伏見櫓等都是從過去留到現在，非常寶貴。富士見櫓是江戶城唯一留下來城址，而伏見櫓又稱月見櫓，據說是由德川第三代將軍，一路從京都搬遷到此。

　結束後還可以逛逛皇居外苑，欣賞過去留下來的美麗風景。

1.可以在外面免費參觀，如果要進去特定區域得事先預約／2.宮內廳／3.宮殿東庭／4.東御苑內的天守閣遺跡／5.富士見櫓 (2~5.圖片提供／Eric)

reurl.cc/M4Dzz4 ｜ 〒100-0001東京都千代田區千代田1-1 ｜ (03)3213-1111 ｜ 皇居外苑24小時開放，皇居10:00、13:30兩時段能預約參觀 ｜ 依照官網指示 ｜ 整趟參觀路線走完大約需要1小時，建議大家時間要多預留一些。預約進入皇居參觀有分事前預約跟當日排隊預約，現場都會預留一定的數量讓當天的人也有機會入內

東京動漫人物街

人氣動漫人物商品地下街

八重州口方向
步行約3分鐘

日本有許多超人氣的卡通人物，可愛的、帥氣的都非常讓人喜愛。想要買這些動漫的周邊的話，千萬別錯過位在東京車站地下街內的東京動漫人物街，在這邊有超過數十家的商店，懶懶熊、小丸子、Hello Kitty、超人力霸王、寶可夢等等的周邊商品，都能在動漫人物街內找到。

在這條充滿活力的商店街中，有時候還會意外發現一些稀有的限量版商品。NHK和其他主要電視台的官方商店也在這裡開設，讓粉絲們可以輕鬆購買到他們最愛的角色商品。

東京動漫人物街的一番廣場會不定期舉辦限定商店，每次來訪都會有新奇的發現和驚喜，即使老客戶也能在這裡找到新寶藏。

這裡還銷售各種手工藝品和歌舞伎用品，豐富多樣的商品滿足了各種不同喜好的遊客。沿街前行，遊客還會經過一條美食街，這裡的商家琳瑯滿目，從傳統日式料理到現代風味小吃，一應具全。

1.可愛的卡通人物商店／2.東京車站內的地下街／3.集結各種日本卡通動漫人物／4.TOMICA SHOP內有許多可愛小車／5.想買蠟筆小新也可以來這條街找

reurl.cc/2z3QVX ｜ 東京車站B1一番街 ｜ 10:00～20:30

丸之內線

新宿　東京　御茶之水　池袋

能吃到現場製作的各種零食美味
東京零食樂園

八重洲中央南口方向
步行約1分鐘

　如果你是一位零食愛好者，那麼位於東京車站地下街的「東京零食樂園」絕對是你不容錯過的目的地。這裡匯聚了日本四大知名零食品牌：固力果、Calbee、森永製菓、龜田製菓，每家店鋪都提供了各自獨特、風味各異的零食餅乾，包括東京車站限定版的特色產品。

　對於追求各地特色餅乾的饕客來說，這裡更是一個寶庫。除了可以購買到作為伴手禮的餅乾，這些店鋪還現場製作各式零食餅乾，讓遊客能夠現場品嘗到剛出爐的美味。森永製菓和龜田製菓的新鮮餅乾、Calbee的現炸薯片以及固力果的巧克力飲品等，都是這裡的人氣之選，常常需要排隊才能購買，結帳時也可能需要稍作等待。

reurl.cc/77lVOd ｜ 東京車站B1一番街G44～G47 ｜ 09:00～21:00

超好買日本老牌百貨公司
大丸百貨

八重洲北口方向
出站即達

　位在東京車站旁的大丸百貨店真的非常好逛，這裡的1樓有著許多伴手禮商店，老字號名店到新熱門伴手禮都能在這邊找到。

　大丸百貨店內還有許多服飾店、彩妝品店也都進駐在此，要購物前記得先到官方網站上擷取優惠券使用，結帳前可以先問問店員是否能用，有機會能省一筆。

　如果對母嬰用品、居家用品有興趣，也很推薦可以來大丸百貨逛逛，這裡也有數家相關的店鋪提供好品質的商品。

1.1樓伴手禮專區有許多的好選擇／2.保養品專區也有很多優質品牌入駐／3.百貨公司的大門口簡約時尚

reurl.cc/j3prZ2 ｜ 〒100-6701東京都千代田區丸之內1-9-1 ｜ (03)3212-8011 ｜ B1～11樓：10:00～20:00、12樓F：11:00～22:00、13F餐廳：11:00～23:00 ｜ 部分店鋪營業時間變更，依照官網資訊

56

有百年歷史的熱門抹茶茶品店
茶寮都路里
八重洲北口方向出站即達

　擁有百年歷史的茶寮都路里，最早的店鋪在1978年開業，是由有名的茶行「祇園辻利」展開的抹茶甜品專賣店，目前在日本總共有3間店。茶寮都路里希望讓客人在品嘗抹茶甜點時能夠感受到抹茶與紅豆的香氣，因此在製作料理時對每一個步驟都嚴格把關。

　為了能讓紅豆的味道好好留住，店內使用的紅豆每日花兩小時熬煮，抹茶也是選用自家商品，白玉、抹茶果凍等配料也都是經由職人細心手工製作，對品質非常重視。

　店內有許多種類的甜品選擇，像是人氣聖代、蕨餅等都能在這裡吃到，此外，還有賣抹茶口味的蕎麥麵，是一般市面上很難買到的，非常特別。

1.店內環境舒適清幽／2.店門口／3.販售各種茶葉／4.好吃的蕨餅／5.抹茶蕎麥麵

reurl.cc/j3prA1 ｜ 〒100-6701 東京都千代田區丸之內1-9-1(大丸百貨10樓) ｜ (03)3214-3322 ｜ 10:00～20:00(最後點餐19:30) ｜ 不定休

丸之內線

新宿　東京　御茶之水　池袋

57

丸之內線／Marunouchi Line

⓴ 御茶之水
Ochanomizu

◀ 淡路町　　　　　本鄉三丁目 ▶
　Awajicho　　　　Hongo-sanchome

　　御茶之水位於東京市區中心，周邊擁有眾多學校，使得這裡非常熱鬧。學生們經常造訪樂器店和舊書攤，這些店家離御茶之水非常近。對於喜歡收集樂器或日本古書的人來說，御茶之水是一個不可錯過的區域。

　　此外，御茶之水附近的神田明神神社也是當地著名的「利益」神社之一。許多企業家都到此祈求公司繁榮，對於有事業野心的人來說，這裡值得一遊。簡而言之，御茶之水是一個充滿文學和神祕氛圍的區域，等待著你來發現。

轉乘資訊
JR東日本

御茶之水站
周邊街道地圖

58

丸之內線

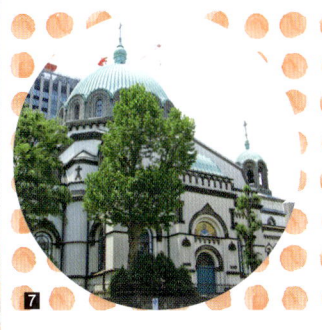

新宿 — 東京 — 御茶之水 — 池袋

1.室外彷彿歐洲的露天座一般／2.神田明神神社正門／3.好吃的雞肉料理／4.御茶之水車站／5.御茶之水有許多百年歷史料亭／6.附近有運動用品街／7.東正教風格的東京復活大聖堂／8.想買雪具可以來運動店街／9.百年美食老店 (5,7圖片提供／Eric)

在地推薦
神田明神神社
　　非常有名的拜利益、姻緣的神社。許多公司來這裡祈求生意興隆。現場有超大文創商店，專屬神社的特色商品不能錯過。(見P.60)

遊客必訪
運動店街
　　這裡除了集結有好幾間雪具商店外，戶外活動常用的東西在這邊也都有機會能找到，且很有可能撿到便宜貨喔！(見P.62)

作者最愛
天野屋
　　已經超過百年的發酵食品老鋪，製作過程完全按流傳下來的古老製法，職人們用心守護才讓客人享用到美味又道地的日本味。(見P.62)

59

拜利益超有名神社
1號出口
步行約6分鐘

神田明神神社

　在東京的神田明神神社從江戶時代就存在，是個非常有歷史的神社，在神田明神內有供奉3座大神，想要祈求姻緣、開運、生意新開業都能在這裡拜拜。其中最有名的是拜生意興隆，許多有開公司的業主們每年開工時都會來此拜拜，希望一年都能夠平安順遂，公司能好好成長。

　在神社境內有一棟文化交流館，1樓販賣跟神田明神神社相關的文創商品，社務所也設在這棟的1樓，想要買御守或御朱印可以在這邊購買。

1.神田明神神社的正殿／2.神社正門口的參道／3.神社境內掌管豐收與財富的大黑天像(圖片提供／Eric)／4.神社的正門口／5.1樓的商品伴手禮商店

www.kandamyoujin.or.jp｜〒101-0021東京都千代田區外神田2-16-2｜(03)3254-0753｜24小時皆可進去神社，御祈禱09:00～15:45，御朱印、買御守09:00～17:00

都內泡澡好去處
RAKU SPA 1010

2號出口 步行約10分鐘

來東京逛街逛到腳好累想放鬆一下，不妨來位在御茶之水站附近的RAKU SPA 1010，從早上營業到隔日早上，如果剛好沒有訂到住宿，或是想體驗日本大浴場睡一晚，就非常適合來這裡。

店家內除了有提供男女分開的泡澡浴池之外，還有提供很大空間可以坐著或是躺著休息，館內還有提供許多漫畫與軟骨頭沙發，是個讓人可以好好放鬆的好地方。

館內有提供飲食空間，現場有販賣許多輕食料理與飲品，可以來這裡點餐填飽肚子。

1.泡溫泉看漫畫的熱門景點／2.可坐可躺的漫畫區很愜意／3.沙發座椅區還有提供影音服務

| http | rakuspa.com/kanda | 〒101-0063東京都千代田區神田淡路町2-9-9 | (03)5207-2683 | 11:00～翌日08:00(最後入場時間07:00)

東京買樂器必去樂器街
樂器街

2號出口 步行約2分鐘

位在東京市區熱鬧的中心點，有著這樣一條樂器街，從古典樂器、鼓、鍵盤樂器、弦樂器等，你想得到的樂器都能在這條街上找到。樂器街僅有400～500米的長度，但大大小小的樂器店加起來至少有30間以上，可說是日本最密集的樂器店聚集地。

下倉樂器二手店這間樂器行是在這裡很有名的二手吉他與貝斯店，店內看過去全部牆面掛滿滿，數量非常驚人。如果對音響也有興趣的話，同樣在這條街上價格從便宜到超貴的都有。這裡的店家不一定有退稅服務，最好要先確認清楚再購買。

購買樂器得注意回國時行李是否能夠托運，建議在出發前先詢問航空公司，以確保買好的樂器能夠運送回國，基本上這邊的店家都不會幫忙海外運送。

1.各式各樣樂器店／2.中古、新品樂器都在這能找到

| http | reurl.cc/N4DRm6 | 神田駿河台 | 各店家營業及公休時間不一樣，建議17點之前來比較好

丸之內線

新宿｜東京｜御茶之水｜池袋

運動店街
東京滑雪用品大本營

2號出口 步行約9分鐘

這裡是東京非常有名的運動用品聚集地，其中又以滑雪用品最熱門，在這裡能夠找到當季最新的雪衣雪褲，雪具用品也都應有盡有，對於第一次購買不知道要怎麼選的話，可以問問專業的店員，他們會很有耐心的告訴你該如何購買。

此外，各種球類用品、球鞋、登山、露營用品，各種運動相關用品也都找得到，這裡最大的店鋪是有6層樓的「Victoria」，大人小孩的商品都有。購買到一定的金額就可以免稅，在這裡買齊想要的商品最划算！跟「Victoria」同一棟樓內有「L-Breath」商店，種類繁多的商品可說是戶外活動愛好者的天堂。

如果對高爾夫球商品有興趣，Victoria Golf神田店也在附近，有時間也能去走走看一下。

1.各種運動品牌商品／2.綜合型運動購物商場「Victoria」

reurl.cc/54a8On｜各店家營業及公休時間不一樣，建議在晚上8點前來

天野屋
創業百年甘酒店

1號出口 步行約5分鐘

位在神田明神神社前的天野屋，從1846年開業至今，近200年的歷史，建築物本身經歷過關東大地震、戰爭等時期，卻僅有一部分受損，經過整修後一直維持到現在，是千代田區重要的指定有形文化財。

店鋪內有分商品販賣區跟喫茶區，不僅能在現場品嘗到使用甘酒與糀等材料做成的甜品之外，還能買到自家生產的味噌、甘酒、納豆等發酵食品。店內產品的製程，按照過去流傳下來的手法製作，完全不加入任何添加物與糖，對品質嚴格把關，糀的釀造處更是只有專業職人才能入內，以免有雜菌混入。

1.近200年的傳統老鋪，看得出來很有歷史／2.各種醃製、發酵商品類裡，最有名的是味增

www.amanoya.jp｜〒101-0021東京都千代田區外神田2-18-15｜(03)3251-7911｜喫茶10:00～16:00、商店10:00～17:00｜休 週二

超過百年的蕎麥麵老舖
神田松屋

2號出口 步行約10分鐘

從1884年創業至今已有140年的歷史，店內販賣著蕎麥麵是使用過去流傳下來的手法製作，嚴選好品質的蕎麥粉，再經過神田松屋的職人們細緻揉捏、延伸、精緻刀法，才做出這一碗碗美味的蕎麥麵給客人享用。蕎麥麵有熱的、冷的，還有許多配料可以選擇。

神田松屋的蕎麥麵因為非常有人氣，每到吃飯時刻總會見到大排長龍的人潮。在現場除了有賣蕎麥麵餐點之外，還有賣生蕎麥麵讓大家可以買回去煮食。

此外，也有烏龍麵跟配酒的小菜，不妨可以點一份吃吃看。

1.神田松屋店門口／2.醬燒雞肉／3.月見蕎麥麵／4.冷的蕎麥麵／5.店內往往都是高朋滿座

reurl.cc/eLaypb ｜ 〒101-0041 東京都千代田區神田須田町1-13 ｜ (03)3251-1556 ｜ 週一～五11:00～20:00(最後點餐19:30)，週六11:00～19:30(最後點餐19:00) ｜ 休 週日

丸之內線

新宿｜東京｜御茶之水｜池袋

63

丸之內線 / Marunouchi Line

25 池袋 Ikebukuro

◀ 新大塚 Shin-otsuka

　池袋在東京地區也是非常熱門的景點之一，交通非常便捷，多達6條線路都通往池袋站。在池袋有許多百貨商場，想買什麼想吃什麼都能找到。此外，動漫相關產品在池袋也是一大聚集地，超人氣的animate本店就位在池袋，還有超大型遊戲機台、扭蛋店，喜歡扭蛋的話絕對不能錯過。

　如果逛街逛累了，在池袋太陽城(Sunshine City)商場內還有水族館(Sunshine Aquarium)，可以去走走看看，能夠看到企鵝游泳的可愛姿態，非常具有身心舒壓之效。

池袋站周邊街道地圖

轉乘資訊
JR東日本、丸之內線、副都心線、有樂町線、東武東上線、西武池袋線

1.池袋也是非常熱鬧的逛街景點／2.可以來這裡的水族館逛逛／3.池袋接駁巴士會經過池袋太陽城／4.好吃的蘋果派／5.池袋的排隊拉麵名店「無敵家」（圖片提供／Eric）／6.池袋太陽城非常好逛好買／7.超大顆好吃的章魚燒／8.來看水族館海洋生物／9.池袋太陽城有迪士尼商店

丸之內線

新宿　東京　御茶之水　池袋

在地推薦
Gashapon Department Store

日本最大的扭蛋聚集地，各種熱門扭蛋都會在這裡搶先上市，許多意想不到的可愛扭蛋也有機會在這邊找到唷！(見P.66)

遊客必訪
迴轉壽司Toriton

來自北海道的人氣迴轉壽司店，每到用餐時間就很容易客滿，要排隊才能吃到的美味。每日新鮮現撈，肉質厚又新鮮，每一口感受都不一樣。(見P.69)

作者最愛
池袋太陽城

太陽城購物商場內匯聚多家熱門流行品牌店，並且設有水族館、天象儀館、博物館和美食餐廳等多種設施，很適合情侶來約會，也很適合來這裡購物。(見P.67)

65

超療癒室內水族館
Sunshine Aquarium

35號出口 步行約7分鐘

位在池袋太陽城World import Mart大樓的頂樓有間水族館，從池袋車站過來約7分鐘。在城市中能有一個欣賞海洋生物的地方真的很難得，蓋在大樓上的水族館有種世外桃源的感覺。館內有多達7百多種的海洋生物，能觀賞到不同水域的海洋生態變化，在這裡還能看到超可愛的企鵝與水獺，還有企鵝的透明游泳池，從底下看到企鵝們暢遊的景色，非常特別！

水族館內還有好幾個餵食表演秀，分別在不同時段演出，有興趣的話可以先上官網確認時間再安排行程。

reurl.cc/Xq3Rp0 ｜ 〒170-8630東京都豐島區東池袋3-1(太陽城大樓頂樓) ｜ (03)3989-3331 ｜ 春夏09:30～21:00(最終入館20:00)，秋冬10:00～18:00(最終入館17:00) ｜ 成人(高中生以上)2,600～2,800日幣、兒童(國小、國中生)1,300～1,400日幣、幼兒(4歲以上)800～900日幣，價格會因日期而浮動

1.能觀賞各種海洋動物　／2.海洋生物與淡水生物都有展示／3.紀念品店有豐富的產品供你挑選

結日本最大扭蛋聚集地
Gashapon Department Store

35號出口 步行約8分鐘

喜歡玩扭蛋的朋友們絕對不能錯過這間位在池袋太陽城內的扭蛋店，店內有3千多台扭蛋機，是目前日本最大的扭蛋店。其中店內有一區全都是萬代出的扭蛋商品，只是要萬代出的熱門扭蛋，都能在這間店搶先找到。如果剛好想要買的商品是他們家的，可以在官網上查詢是否有自己想要轉的扭蛋，快速找到自己想要的商品唷！

店內還有一區展示著歷代的扭蛋機與過去的稀有商品，看著扭蛋從以前到現在的進展，非常有趣！

1.東京超大間的扭蛋店／2.店內有許多特色扭蛋

reurl.cc/M4D6k4 ｜ 〒170-8630東京都豐島區東池袋3-1-3(太陽城世界進口商城大樓3樓) ｜ 0570-076-564 ｜ 10:00～21:00

1.衣服、雜貨等等雜貨都能找到／2.商場內有寶可夢店／3.KIDDY LAND很必須逛逛／4.店內環境寬敞舒適／5.商場有許多可坐下來休息的地方

結合購物、娛樂的綜合百貨商場
池袋太陽城

35號出口
步行約7分鐘

　池袋太陽城(Sunshine City)是一座規模宏大的綜合商場，內部設有辦公室、購物中心、水族館、天象儀館、博物館和美食餐廳等多種設施。商場旁就是著名的太陽城王子飯店，這間酒店在池袋地區非常有名，並且有利木津巴士直達機場，交通十分便利。

　太陽城購物商場內匯聚了多家熱門流行品牌店，如靴下屋、ABC MART和coen等，這些都是許多人來東京必逛的商店。在這裡，你可以輕鬆滿足購物、飲食和娛樂的各種需求，無論是帶小孩、情侶約會都非常適合。

　如果你對日本的可愛雜貨有興趣，這裡也有橡子共和國、KIDDY LAND和懶懶熊專賣店等特色店鋪進駐，是收購各種可愛日本雜貨或動漫商品的理想去處。逛累了肚子餓的話，商場內的美食餐廳遍布各個樓層，無論是和食、西餐還是異國料理，都能滿足你的味蕾。

　此外，如果你想在市區內參觀水族館，太陽城內的水族館是一個不錯的選擇。水族館分為室內和室外區，室外區設有大型透明游泳池，有機會的話還能看到企鵝在這裡游泳玩耍。

sunshinecity.jp/zh-tw｜〒170-8630
東京都豐島區東池袋3-1｜(03)3989-3331
｜各設施營業時間不同，詳見官網

丸之內線

新宿　東京　御茶之水　池袋

日本最大的動漫周邊商店
animate

34號出口 步行約5分鐘

日本最大的動漫周邊商店，在池袋已經有40年的歷史，2023年3月重新整修開幕，擴大整體空間，改建為地下兩層、地上9層的超大賣場。這裡的商品齊全，從1樓開始販賣各種人氣動漫商品，2、3樓則是漫畫區，往上樓層繼續走則是動漫商品、唱片、活動會場等空間。

而這次的裝修讓人非常期待的還有地下2樓的動漫劇場，將作為舞台劇、表演秀等等的空間。目前animate池袋本店還被選為喜愛動漫人的必去聖地之一，非常推薦一定要去走一趟看看。

1.超大間的動漫本店
2.本店外面有附設咖啡廳

reurl.cc/54aD9q｜〒170-0013東京都豐島區東池袋1-20-7｜(03)3988-1351｜週一〜五11:00〜21:00，週末、國定假日10:00〜20:00

超人氣蘋果派排隊店
RINGO

27號出口 步行約3分鐘

這間RINGO就位在池袋車站附近，整家店就只有賣蘋果派。店家花了30年努力改良，才做出這樣美味，吃過的人都讚不絕口，每到現烤快出爐時，很多人都願意停下腳步排隊等候。

為了讓顧客們知道這個蘋果派有別於過去傳統大家認知的味道，在裝潢上結合了現代感的設計，以灰色簡潔的顏色作為店內牆壁顏色。此外，為了讓大家有等待的興奮感，堅持讓大家看到製作的過程，可以一邊等待一邊看蘋果派是如何被做出來的。

咬一口就可以吃得到蘋果與卡士達醬，現烤的鬆脆口感，讓人吃完一個還想再吃一個！

1.現烤蘋果派／2.店家生意很好，時常會需要排隊／3.酥脆香甜超好吃，現做很燙要小心

reurl.cc/YVQY1o｜〒170-0013東京都豐島區南池袋1丁目（JR池袋駅1F)｜(03)5911-7825｜10:00〜22:00

來自北海道好吃迴轉壽司

東武地上階段口 步行約1分鐘

迴轉壽司 Toriton

來日本旅遊很推薦體驗看看當地的迴轉壽司，這間位在東武百貨11樓的Toriton是來自北海道的店。店家使用的海鮮都是北海道當地每日新鮮打撈到的漁獲，再經由師傅們精湛的刀工與細心調味，讓壽司達到絕佳好吃的境界。

雖然Toriton價位比一般迴轉壽司貴一點，但是Toriton壽司的肉非常厚、非常大塊，吃起來非常過癮。進到店內可以看到天花板會貼滿各種壽司名的菜單，也可以聽到壽司師傅熱情的招呼每一位客人。想要吃的壽司可以直接跟壽司師傅點餐，也能看迴轉台上有什麼壽司。

1.各種鮮魚鮮蝦拼盤／2.迴轉道上也有指定現做的鮮味／3.每一個壽司肉塊都很大

toriton-kita1.jp/chinese｜〒171-0021東京都豐島區西池袋1-1-25(東武百貨11樓)｜(03)5927-1077｜11:00～22:00

巨無霸章魚燒專賣店

35號出口 步行約8分鐘

Bakudan-yaki Honpo

位在池袋熱鬧商圈內的爆彈章魚燒專賣店，最出名的就是巨無霸大顆的章魚燒，一顆重達200克，直徑約有8公分大，大約是一般8顆章魚燒的分量集結到同一顆上。每一顆章魚燒內放入多達10種食材，完整的包覆在章魚燒內，咬下去的內餡口感有點像文字燒那樣糊糊的感覺，非常特別！

章魚燒有明太子、雞蛋、醬油、辣的等多種口味可以選擇，剛做好的時候溫度很高，吃的時候千萬要小心不要燙口。這間店在池袋相當受年輕人喜愛，時常經過都會看到在排隊。

1.有眾多口味可以選擇／2.吸睛度超高的橘色店門口／3.非常大顆的章魚燒，每一盒裡面只有1顆

reurl.cc/nrXmy8｜〒東京都豐島區東池袋1-29｜(080)4802-8296｜11:00～21:00

丸之內線｜新宿｜東京｜御茶之水｜池袋

69

銀座線／Ginza Line

01 澀谷 Shibuya

表參道 ▶
Omote-sando

澀谷，以其熱鬧繁華而聞名，最著名的澀谷十字路口是許多人心中的拍照勝地，每天吸引著眾多海內外旅客，白天的繁忙持續延伸到夜晚。澀谷不僅是美食的天堂，更是當今流行快時尚的聖地，無論是平價還是高檔，各種風格應有盡有。

來到澀谷，你可以品味到各種美食，同時挑選到最新潮的服飾，完整體驗年輕人充滿活力的購物行程。在這個時尚之都，每一個角落都充滿著令人驚喜的發現，對於喜歡嘗鮮、勇於嘗試新事物的人，絕對是一趟令人難忘的旅程。

澀谷站周邊街道地圖

轉乘資訊
JR東日本、半藏門線、副都心線、東急東橫線、東急田園都市線、京王井之頭線

銀座線

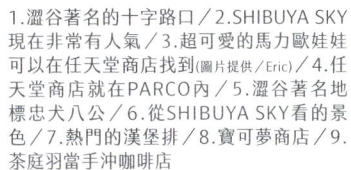

澀谷 ・ 表參道 ・ 銀座 ・ 日本橋 ・ 上野 ・ 淺草

1.澀谷著名的十字路口／2.SHIBUYA SKY現在非常有人氣／3.超可愛的馬力歐娃娃可以在任天堂商店找到(圖片提供／Eric)／4.任天堂商店就在PARCO內／5.澀谷著名地標忠犬八公／6.從SHIBUYA SKY看的景色／7.熱門的漢堡排／8.寶可夢商店／9.茶庭羽當手沖咖啡店

在地推薦
SHIBUYA SKY
　　澀谷SHIBUYA SCRAMBLE SQUARE大樓45、46樓付費展望台，能眺望整個澀谷美景，甚至富士山、東京鐵塔與晴空塔日本三大人氣地標都能盡收眼底。(見P.72)

遊客必訪
Standard Products by DAISO
　　超人氣百元商店的新型態店鋪，商品更簡樸、質感更上一層樓。價格多為330日幣起，居家用品、碗盤等品數非常豐富。(見P.75)

作者最愛
茶亭羽當
　　小巷弄內的喫茶專賣老鋪，使用的咖啡杯相當精緻，且每一個杯子都是老闆收藏的，使用好咖啡杯裝的好咖啡，喝一口就知道不一樣。(見P.79)

SHIBUYA SCRAMBLE SQUARE方面
出站直達大樓入口，前往14樓即可抵達

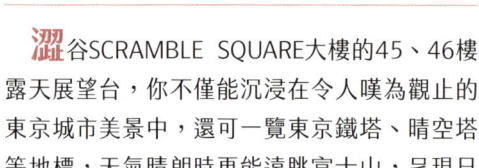

超高人氣浪漫展望台

SHIBUYA SKY

　澀谷SCRAMBLE SQUARE大樓的45、46樓露天展望台，你不僅能沉浸在令人嘆為觀止的東京城市美景中，還可一覽東京鐵塔、晴空塔等地標，天氣晴朗時更能遠眺富士山，呈現日本三大人氣地標的完美組合。

　推薦選擇下午時分前往，一路待到夕陽西下，欣賞白天與夜晚景色的交替迷人。由於露天展望台受風勢影響，建議在夏季以外的季節攜帶外套，以確保長時間的舒適觀景體驗。如感到涼意，可移步至45樓的室內展望區，此外，這裡的特色伴手禮商店提供眾多罕見的地區特色商品，強烈建議你順道探索購物樂趣。

　最佳拍攝景點是展望台的玻璃圍牆邊角及沿著電扶梯的位置，這裡提供絕佳的拍攝視角，捕捉東京城市的獨特魅力。如果逛累了想要坐著休息，也可以前往室內展望台空間，在這裡同樣可以欣賞到漂亮的東京美景，也可以保持溫暖不受冷風影響觀看心情。

1.人氣的拍照角落，晴天時非常適合拍照／2.可以看到東京鐵塔／3.視野非常遼闊

reurl.cc/K4Ll9m｜〒150-6145東京都澀谷區澀谷2-24-12(澀谷スクランブルスクエア14樓)｜10:00～22:30(最終入場21:20)｜現場購票：大人2,500日幣，國、高中生2,000日幣，小學生1,200日幣，幼兒(3～5歲)700日幣｜1.網路購票有優惠，建議先上網購買。2.網路及現場購票都售完，得待有人取消才可購買，請留意網站資訊。3.出站直達大樓後請至14樓購票

澀谷著名地標
忠犬小八
A8出口 步行約1分鐘

這裡是許多人與朋友見面的集合地點，小小一隻秋田犬銅像其實背後有段非常有意義的故事。小八是有位任職東京某大學的教授所養的狗，每天會目送主人上班，並在近下班時間會到澀谷迎接主人回來。有天主人猝逝，小八被送往好幾個地方居住，最後回到了澀谷，小八仍會維持習慣，傍晚時到澀谷等候主人，一直到離世的那天。小八和主人一同安葬，而小八銅像則讓這段主人與寵物間深厚的情誼繼續傳頌。

〒150-0043東京都澀谷區道玄2-1

眺望澀谷美景好去處
PARCO 屋上廣場
A2出口 步行約6分鐘

澀谷PARCO的10樓有個戶外廣場，在這裡有許多能讓人坐下來休息、欣賞風景的區域，有時候還會有音樂表演、小活動在此舉辦，是一個很特別的空間。白天跟夜晚的氣氛很不一樣，晚上平台會點燈，黃色暖色調的燈光讓夜晚看起來特別浪漫。

從這裡可以看到小小的東京鐵塔，仔細找一下也能看到六本木hills大樓。逛完要是覺得還不夠，還可以前往12樓，在室內有一塊區域也有擺放座位給大家休息，若是覺得戶外太冷了的話，這裡是不錯的選擇。

reurl.cc/Z9qZGA │ 〒150-0042東京都澀谷區宇田川町15-1 │ (03)3464-5111 │ 商店11:00～21:00、餐飲11:30～23:00

1.夜晚的露天廣場／2.可以來這裡坐著休息聊天／3.屋上廣場的樓梯

銀座線

澀谷｜表參道｜銀座｜日本橋｜上野｜淺草

73

1.寶可夢專賣店有許多限定周邊商品／2.偽娘酒吧讓人印象深刻／3.遊戲周邊專賣店／4.JUMP漫畫周邊

次世代流行商業設施
SHIBUYA PARCO
A2出口 步行約6分鐘

澀谷PARCO從1973年開業至2016年，長達43年的營業，深受許多人喜愛。2016年經歷3年左右的休業重建期，到了2019年重生，融合了時尚、藝術文化、娛樂、美食、科技五大元素，以次世代流行商業之姿繼續為澀谷帶來別具特色的時尚潮流。

對於這五大元素PARCO都非常重視，希望在各方面都能讓來的人有好的體驗，能將東京的文化傳向世界各地，並且與各個從海外來到這裡的人做一場交流。

重新開幕的澀谷PARCO內進駐了將近200間的店鋪，許多都是在其他百貨很少能見到的店，每一層都讓人感到很有趣。其中6樓以日本文化商品為主，集結了現今非常熱門的各大動漫、電玩的周邊商店，例如超人氣漫畫出版社JUMP、寶可夢中心、CAPCOM STORE TOKYO、Nintendo TOKYO等等，太多太吸引人的好商品。

要是肚子餓的話，可以到地下1樓尋美食，這裡以美食、音樂、文化作為設計概念，結合了許多家特色美食與物販商店。有日式串炸、拉麵、日本酒專賣店等各類美食之外，其中讓人印象最深刻的是偽娘酒吧與蟲蟲料理店，絕對能讓你大開眼界，有興趣、膽子又夠大的話可以來試試看！

| http | reurl.cc/N4LbA6 | 〒150-0042東京都澀谷區宇田川町15-1 | (03)3464-5111 | 商店11:00〜21:00，餐飲11:30〜23:00，6F任天堂、寶可夢中心10:00〜21:00 | 休 不定休

日本首家任天堂商店
Nintendo TOKYO

A2出口 步行約6分鐘

位在澀谷Parco的6樓任天堂商店是很大的一間店，一進店面就可以看到非常有元氣的馬力歐大公仔在門口處招呼客人。

商店內販售各式各樣有關任天堂遊戲的相關人物商品，馬力歐、卡比之星、薩爾達傳說、斯普拉遁等超熱門周邊，在這裡都可以找得到。

可愛的小玩偶、實用的杯盤、任天堂switch保護盒，目不暇給的商品種類，讓喜歡任天堂的人絕對會花上好一段時間才能逛完。假日人潮眾多，可能需要排隊才能入場，建議平日開店左右去，人潮較少，更有機會能早點進入商店內。

reurl.cc/M4L6Mm ｜〒150-0042東京都澀谷區宇田川町15-1(Parco 6樓)｜(0570)021-086｜週一～五11:00～21:00、週末及國定假日10:00～21:00｜不定休

銀座線

澀谷 ｜ 表參道 ｜ 銀座 ｜ 日本橋 ｜ 上野 ｜ 淺草

簡約風大創新品牌
Standard Products by DAISO

井之頭線中央南口出口 步行約5分鐘

大創是大家都非常熟悉的百元商店，裡面什麼都賣、什麼都非常便宜。Standard Products by DAISO同樣為大創新系列的店鋪，店內可以感受到商品的風格非常一致，顏色簡約沉穩，商品品質好，價格非常划算，讓人有種平價無印良品的感覺。

大多商品以300日幣起價，部分商品定價會稍微高一些，最高的約1,100日幣。商店內的品項非常多，杯碗瓢盆等生活居家用品基本都能找得到，喜歡簡約樸素的居家配色的話，這家商店一定不能錯過。

reurl.cc/A4L6Y8 ｜〒150-0043東京都澀谷區道玄坂1-12-1(MARK CITY 1樓)｜(070)7572-0339｜09:30～21:00

1.實用的生活商品應有盡有／2.店內商品的顏色都比較樸素／3.簡約卻不失質感的設計

1.宮下公園平日假日都很有人潮／2.店內環境／3.在這裡也藏有一隻忠犬小八／4.漂亮的星巴克

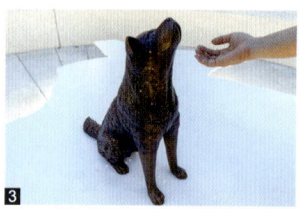

宮下公園
大都會下的露天草地廣場

明治通出口
步行約6分鐘

　　澀谷宮下公園是一個結合購物、美食與飯店的綜合商場，與一般購物商場不同的是，頂樓擁有超級寬廣的大草地，讓遊客們可以在這裡悠閒地坐著聊天，享受舒適的戶外環境。

　　露天廣場有兩大看點，一間全白色的貨櫃星巴克，其簡潔的外觀非常適合拍照打卡。而在廣場的角落，有一隻迷你八公像，它的造型與車站前的八公十分相似，並且身體上會透出閃爍的小星星，增添了不少趣味。若在澀谷逛累了，可以來宮下公園的露天廣場放鬆休息。

　　購物中心內有許多特色的小商店，商場分為北棟與南棟，在南棟的3樓還有一個美食區，匯集了7家不同的餐廳，提供各種美味佳餚。各個樓層的外圍也有許多餐廳，不論是日式料理還是異國風味，都能在這裡找到。如果想尋找一些具有澀谷特色的伴手禮，可以到南棟2樓，這裡販售了許多僅在澀谷才有的獨特商品，非常特別。

　　在宮下公園的北棟1樓，還有幾家高端精品店，其中包括男士們喜愛的KITH品牌，以及全球首間LOUIS VUITTON男士專門店。這裡的精品店提供了眾多奢華商品，是購物愛好者尋找高品質精品的理想場所。宮下公園不僅是澀谷的一個購物天堂，更是集休閒、餐飲、購物於一體的綜合體驗地點。

www.miyashita-park.tokyo｜〒150-0001東京都澀谷區神宮前6-20-10｜(03) 712-5291｜08:00～23:00、店鋪11:00～21:00、餐飲11:00～23:00

超豐富的3層樓迪士尼商店
Disney Store
6號出口 步行約5分鐘

這間距離澀谷車站只要5分鐘的迪士尼商店，彷彿是一個小小城堡，大老遠就能被它吸引目光。店裡總共有3層，1樓展示當季的新商品，各種米奇、米妮、小熊維尼等熱門迪士尼人物的東西應有盡有，甚至連漫威電影系列的商品也有陳列。

此外，在樓梯間或許能發現超可愛的隱藏米奇圖案，有種來到迪士尼樂園的氣氛！迪士尼商店是可以免稅的，建議大家可以湊齊想買的東西一口氣買齊。

www.disney.co.jp/store/storeinfo_ch | 〒150-0042東京都澀谷區宇田川町20-15 | (03)3461-3932 | 週一～五11:00～20:00，週末、國定假日10:00～20:00

1. 彷彿來到迪士尼城堡的店門口
2. 熱門迪士尼商品應有盡有

超大超好逛也超好買
MEGA 唐吉訶德
明治通出口 步行約6分鐘

總共有7層樓，裡面琳瑯滿目的商品，生鮮食品、零食、美妝、雜貨、電器、行李箱等各種你想得到的東西幾乎都能在這裡找得到。此外，24小時營業不中斷，讓旅客無論何時進來都能逛得盡興。

想要買生鮮食品或是日本當季水果、各種下酒好菜、酒類的話可以直接去地下1樓。1樓則是伴手禮、當季限定的商品、結帳台。美妝逸品在3樓，想要退稅的話記得要上7樓結帳，1樓的是普通結帳台，樓層說明圖就放在電扶梯旁！

reurl.cc/935MvxMEGA | 〒150-0042東京都澀谷區宇田川町28-6 | (0570)076-311 | 24小時

1. 門口黑底黃字的招牌非常醒目
2. 店裡面什麼都賣什麼都不奇怪

銀座線

澀谷 | 表參道 | 銀座 | 日本橋 | 上野 | 淺草

1.抹茶甜點專賣店／2.現泡抹茶／3,4.店家的裝潢走簡約風

有機栽培抹茶
THE MATCHA TOKYO

明治通出口
步行約6分鐘

抹茶，是日本流傳數世紀的傳統美食，除了美味之外，還蘊含豐富營養。茶葉中的兒茶素擁有抗衰老功效，有助於調控高血壓和血糖的穩定度；此外，抹茶裡富含的茶氨酸對提高專注力和改善睡眠品質也大有神益。對於習慣飲用各式加工飲料的現代人而言，不妨可以試試改喝抹茶，既美味又有益身體健康。

在宮下公園South 2樓，有一家名為THE MATCHA TOKYO的抹茶專賣店，專注於提供百分之百有機栽培的抹茶。使用純淨水源，不添加任何化學肥料，力求讓顧客品味到高品質抹茶的美好滋味。

這裡的飲品與小吃也都與抹茶相關，例如抹茶冰、抹茶拿鐵等，最適合搭配當點心享用。在顧客點餐後，工作人員會即時製作，推薦大家一定要點上面提到的抹茶拿鐵與抹茶冰，這兩樣都有非常香的抹茶味。

週末可能需要稍作等待，店內位置並不多，若是客滿可使用外帶杯，帶去頂樓的露天廣場找個位子休息，看著美麗澀谷風景，享受一杯精心製作的道地抹茶，必定是絕佳的體驗。

www.the-matcha.tokyo/pages/cafe
〒150-0001東京都澀谷區神宮前6-20-10 6樓
(03)6805-0687 | 11:00～21:00
抹茶550日幣

收藏滿滿特色咖啡杯的咖啡老舖
茶亭羽當

明治通出口 步行約3分鐘

1989年開業的茶亭羽當,是澀谷小巷弄的一間咖啡專賣店,店舖裡的氣氛給人一種沉穩、寧靜的感覺。右側吧檯座位區有一整排的咖啡杯,每一個圖案都不一樣,這些杯子都是老闆慢慢收藏,有些甚至價格不菲。

推薦可以點1杯咖啡配1塊起司蛋糕,口感有點偏酸的黑咖啡,配上微甜的起司蛋糕非常剛好。也可以選擇紅茶,這裡的紅茶也是非常用心製作,如果覺得想再多吃一點,還有賣三明治,配紅茶或是咖啡也很不錯。

www.the-matcha.tokyo/pages/cafe｜〒150-0002東京都澀谷區澀谷1-15-19(2樓)｜(03)3400-9088｜11:00～23:00(最後點餐22:00)

1.坐吧台區可以看到老闆現沖咖啡的樣子／2.復古喫茶店／3.有許多不同圖案的咖啡杯都放在這個櫃子上

70年以上的咖哩老舖
MURUGI

A0出口道玄坂方向 步行約6分鐘

這間位在道玄坂巷子內的MURUGI咖哩飯,從1951年開業至今,已經有70多年了。一天的營業時間相當短,只有4個小時多,許多客人會在開門左右的時間來。

店面的風格相當復古,餐點專賣咖哩。第一代的老闆曾到國外去學習咖哩飯的製作方法,回國後將味道稍做調整,辛香料以外的食材全使用日本國內產,成為日本人會喜愛的美味咖哩。

推薦可以吃有加蛋的MURUGI咖哩,咖哩微辣的口感加上特殊的香味,飯的造型是一座山,好吃且非常特別。

1.飯疊得很特別的咖哩飯／2.營業多年的店家內裝很復古

murugi.co.jp｜〒150-0002東京都澀谷區道玄坂2-19-2｜(03)3461-8809｜11:30～15:00｜休 週五、國定假日｜平均消費1,000～1,999日幣

銀座線

澀谷｜表參道｜銀座｜日本橋｜上野｜淺草

1.許多店家都有戶外露天區域，一到晚上更添氣氛／2.澀谷橫丁裡有各式各樣熱門美食

集結各地美食的好地方
澀谷橫丁

明治通出口步行約6分鐘

　澀谷橫丁美食街位於宮下公園1樓，是一個匯聚了19家不同地區特色料理的綜合美食天堂。這裡不僅提供沖繩、近畿、四國、九州、東海、北海道、關東、東北等各地的特色料理，品項更涵蓋了拉麵、餃子、鐵板料理以及烤串等各種美食，絕對能滿足每位遊客的味蕾。

　在澀谷橫丁內的每家店鋪都以極具日式風格的裝潢營造獨特氛圍，讓整條美食街充滿獨樹一格卻又有其整體感的迷人魅力，喜歡感受日本居酒屋與夜市氣氛的你一定要來這裡走走。

　在澀谷橫丁美食街上，許多座位都巧妙地安排在露天區域，一到晚上，當店家外的燈籠點亮時，整個街區瞬間變成熱鬧的夜市。平日與假日晚上造訪的話，可能會遇到大批下班後來吃吃喝喝的人潮，有些店鋪可能會需要等，建議規劃行程時保留充裕時間或是早一點來，避開下班人潮，就有機會可以悠閒的心情提前入座享受澀谷夜晚的美好。

　澀谷橫丁的營業時間從早上11點開始，如果你不太喜歡晚上過於熱鬧的氛圍，白天造訪是個寧靜的選擇。更悠閒地漫遊於美食街上，品味各種美味佳餚，讓你愜意地度過一段愉快且充實的時光。

http www.instagram.com/hatou_coffee_shibuya/｜〒150-0001東京都澀谷區神宮前6-20-10(宮下公園South 1樓)｜11:00～隔日05:00、部分店家週日11:00～23:00｜平均消費2,000～3,000日幣

高樓內的義式餐廳
THE THEATRE TABLE

明治通出口 步行約5分鐘

1.店家環境／2.料超多的義大利麵

位在Hikaria購物中心11樓的THE THEATRE TABLE是一間挑高天花板的義式餐廳，餐廳內的座位大約有2百多個，還有戶外座位區，開放的大空間可容納非常多客人。夜晚時能夠邊吃飯邊欣賞到澀谷風景，很適合和親友們一同享受高空景色。

店內的餐點是由日本很有名的義式料理廚師原田慎次監製，提供了義大利麵、前菜、一品料理、主菜等的多樣選擇。中午時段還有推出午餐套餐，選一個主餐就能有甜點、生菜可以享用。

店裡的飲品除了咖啡跟茶之外，也有提供酒類飲品，搭配義式料理非常適合。

http thetheatertable.jp｜〒150-0042東京都澀谷區澀谷2-21-1(Shibuyaヒカリエ11樓)｜(03)3486-8411｜餐飲11:00～23:00(最後點餐22:00)，咖啡：週一～五08:00～20:00、週末及國定假日11:00～20:00｜午餐2,000～2,999日幣、晚餐4,000～4,999日幣

第一名的美味漢堡
SHOGUN BURGER

明治通出口 步行約10分鐘

1.有加上酪梨的和牛漢堡非常好吃／2.和牛漢堡專賣店

在富山縣開業35年的漢堡排店，為了讓更多人知道他們的美味漢堡，選擇來到澀谷開業，在2019年被日本美食網Tabelog選為漢堡美食百名店，並在2022年的漢堡選手權比賽中得到第一名，成為超人氣漢堡名店。

將軍漢堡的特點在於使用100%的和牛製作漢堡肉，在老闆的多次測試後，找到做出美味漢堡最適合的調料與溫度關鍵。漢堡麵包則是使用國產小麥製作，吃起來跟大眾漢堡完全不一樣。

澀谷店除了有賣人氣菜單之外，還有店家限定口味「香茸與三種奶油漢堡」感覺也相當不錯，非常推薦來此享用美味的饕客們。

http shogun-burger.com｜〒150-0042東京都澀谷區宇田川町13-16｜(03)6277-5908｜11:30～23:00(最後點餐22:00)｜12/29～1/1｜平均消費2,000～2,999日幣

銀座線

澀谷　表參道　銀座　日本橋　上野　淺草

銀座線／Ginza Line

02 表參道
Omote-sando

◀ 澀谷 Shibuya　　外苑前 Gaiemmae ▶

　　表參道兩側筆直道路，美麗綠樹與建築完美融合，形成其獨特風貌。此區匯聚了眾多國際精品品牌，被譽為東京名品大街，對於喜愛時尚的遊客而言，這裡是絕佳的購物勝地。

　　街巷內還有各種特色美食，俱樂部、酒吧、咖啡廳、餐廳，提供多樣選擇，更展現出都會景觀的萬種風情。

　　表參道，不僅是購物的天堂，也是品味愛好者的聚集地。在這片時尚之地，你可以輕鬆漫遊，感受濃厚的時尚氛圍，享受獨一無二的購物與美食體驗。

表參道站周邊街道地圖

轉乘資訊
千代田線、半藏門線

1.表參道十字路口新開幕店家／2.沿著道路有兩排大樹看起來很舒服／3.漂亮的花室茶品店／4.喜愛卡通動畫必去的KIDDY LAND／5.國際知名時尚品牌都聚集在表參道(圖片提供／Eric)／6.想買精品可以來逛表參道／7.抹茶配上糰子真的是絕配／8.看起來氣氛很好的餐廳9.有許多大型商場

澀谷 表參道 銀座 日本橋 上野 淺草

銀座線

在地推薦
KIDDY LAND

這是間販賣熱門卡通、人氣動畫的周邊商品店，像是史奴比、多拉A夢、懶懶熊、凱蒂貓、迪士尼、星際大戰等，商品類別及數量相當多。(見P.86)

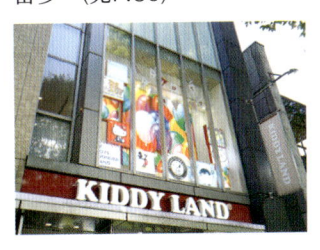

遊客必訪
Aoyama Flower Market TEA HOUSE

由日本連鎖花店開的花室茶品店，裝潢以綠葉與花朵布置，彷彿是溫室裡的美麗空間。餐點也用可食花朵點綴，美味又精緻。(見P.88)

作者最愛
SHIRO

來自北海道零負評美妝保養品牌，使用天然萃取製作，深受女性消費者的喜愛和推薦，簡約樸素的外包裝，近年來在日本相當受歡迎。(見P.84)

1.店內的商品都有試用品／2.商品的包裝都非常樸素／3.小包裝適合隨身攜帶／4.彩妝的選擇性很多／5.招牌不是很大,要注意一下

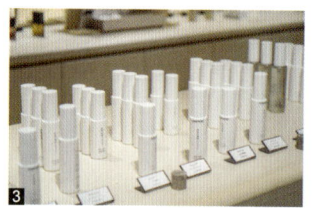

SHIRO

來自北海道零負評美妝保養品牌

A1出口
步行約5分鐘

　　來自北海道砂川市的SHIRO美妝保養品牌,主打自然系,以天然萃取成分作為原料,其中以酒粕化妝水、昆布化妝水最受日本顧客喜愛。SHIRO多年來想使用米糠作為商品的原料,經過多次錯誤試行後終於成功開發出最適合的酒粕保養系列。此系列的商品能夠讓肌膚滋潤並且帶有透明感,讓乾燥肌增加保濕度。酒粕的原料選用釀酒老舖「小林酒造」的純米酒粕製成,相當天然且營養。

　　而昆布化妝水則是使用北海道函館附近才能取到的昆布,採取浸泡後萃取昆布精華製作出來的明星商品。除了這些深受顧客喜愛之外,SHIRO開發一系列的彩妝、保養、美髮、美體、香氛等商品,連淡香水也是近年來相當有話題性的產品。

　　SHIRO在表參道的店家位在小巷弄內,店內寬敞明亮空間擺放著許多商品,簡樸且不過多設計的白色瓶裝讓人印象深刻,亦是它深受喜歡的原因之一。

　　在店內的商品都有試用品可以聞聞味道、摸摸觸感,並可試用,有興趣的話,非常推薦可以親身來這邊看看。

shiro-shiro.jp ｜ 〒150-0001東京都澀谷區神宮前5-2-7 2樓 ｜ (03)6712-5546 ｜ 11:00~20:00

84

1.常吸引攝影師來拍照的入口／2.頂樓有小小花園／3,4.店內環境

集結超多日本流行商品
東急 PLAZA
A2出口 步行約7分鐘

東急PLAZA就位在原宿與表參道的十字路口，從1樓通往樓上的手扶電梯因為外觀造型以多面鏡子組成，就像是萬花筒一樣，相當特別，是吸睛度很高的設計，讓許多人都想前來拍照。這棟造型特殊的建築物是由實力派建築師中村拓志設計而成，為了融入表參道樹木林立的環境，特地在屋頂露天廣場規劃了一個空中花園，成為許多旅客逛一逛之後會想來這裡休憩的舒適空間。

在6樓屋頂空中花園的室內有間星巴克，到了晚上屋頂花園會點燈，有種在小樹林裡的氣氛，相當討人欣喜。

除了6樓讓人印象深刻之外，在東急Plaza表參道原宿的1、2樓有好幾間品牌大型店鋪，小資女相當喜愛的CHARLES & KEITH也設店於此，店鋪內商品非常豐富，最新商品都會在此展示。

3～5樓則是以雜貨、美妝品牌與限定期間的餐飲店為主。餐飲的部分相對較少，僅有3間店鋪，其中有一間是日本早午餐非常熱門的Bills，店內環境寬敞，能夠看到6樓的屋頂花園，鬆餅是Bills的熱門美食。

omohara.tokyu-plaza.com ｜ 〒150-0001東京都澀谷區神宮前4-30-3 ｜ B1～5樓：11:00～20:00、6～7樓：08:30～22:00 ｜ 不定休

銀座線

澀谷｜表參道｜銀座｜日本橋｜上野｜淺草

85

來自丹麥的平價雜貨店
flying tiger copenhagen

A2出口 步行約5分鐘

來自丹麥的flying tiger copenhagen是間販賣居家趣味擺設、玩具、派對用品的特色雜貨店，以北歐風格貫穿的裝潢擺設與商品設計，價格實惠親民。商品種類琳瑯滿目，光是給小孩或派對的玩具就非常的多，還有很多布置用的氣球、掛牌。

店內也有賣一些分裝用的玻璃盒子與碗盤，也都有別於其他間百元商店賣的商品，感覺更加耐用。如果天生就很愛收藏這些特色小雜貨，flying tiger copenhagen肯定會讓你逛很久才走得出來。

blog.jp.flyingtiger.com｜〒150-0043東京都澀谷區神宮前4-3-2｜(03)6804-5723｜11:00～20:00

1.實用的生活商品應有盡有／2.每月會有不同的新品推薦／3.不定時都會更新商品

日本超可愛卡通人物周邊商店
KIDDY LAND

A1出口 步行約8分鐘

KIDDY LAND共5層樓，販賣日本海內外熱門的卡通人物的周邊商品，地下1樓是史奴比專賣區，1樓是最新流行商品，不定期會更換擺設。2樓可以找到許多人喜歡的迪士尼、星際大戰等流行的動畫周邊。

3樓則是許多軌道列車、小汽車等小孩的最愛，往4樓走還能找到懶懶熊、米飛兔等都湊在這間店裡。此外像是哆啦A夢、鋼彈、角落生物也都有銷售，不同年齡層來到這間店都會能獲得各自的滿足。

www.kiddyland.co.jp｜〒150-0001東京都澀谷區神宮前6-1-9｜(03)3409-3431｜11:00～20:00

1.販賣熱門卡通人物的周邊商品／2.卡比周邊商品也深受喜愛／3.我們這一家周邊也有賣

日本特色職人選品店
Spiral Market
B3出口 步行約3分鐘

Spiral大樓共有11層，集結了生活雜貨店、餐廳、畫廊、展覽場、美術館、劇場等的綜合商場。Spiral Market是位在2樓的生活雜貨店，販售各種國內外不同類型的高質感雜貨，相當適合來這裡找送禮或是居家自用品。店家在選品上以希望能讓人長久愛用，並且能保有好質感為理念，挑選了約有萬件的商品。

在這裡逛了一圈會發現許多從未見過的創意時尚商品，讓人都非常想收藏，對居家布置講究的人，一定要來這間店走訪一回。

reurl.cc/XqNqp7 ｜ 〒150-0001東京都港區南青山5-6-23 ｜ (03)3498-5792 ｜ 11:00〜19:00

1.店內環境／2.商品都有獨特的設計品味

東京三大豆大福名店
瑞穗
A1出口 步行約10分鐘

瑞穗被稱為東京三大豆福名店，從1981年營業至今，曾兩度被日本知名飲食評價網站Tabelog選為東京甜點百名店。

瑞穗以豆大福出名，豆大福就像是我們常見的麻糬，大約江戶時代就存在的日式甜點，白白有彈性外皮搭配上黑豆或紅豆粒，內餡則是紅豆泥。因為外皮上的豆子會是以鹽巴煮，因此豆大福吃起來會稍帶有鹹味。

因為是手作的關係豆大福的數量有限，每天早上9點開賣，賣完就直接關門，營業時間相當短，想要買的話盡量在開店的時間到，以免銷售一空。

〒150-0001東京都澀谷區神宮前6-8-7 ｜ (03)3400-5483 ｜ 週二～六09:00～售完為止 ｜ 休 週日、一

1.不大的店家卻是東京三大名店之一／2.乍看很像麻糬的豆大福

銀座線

澀谷｜表參道｜銀座｜日本橋｜上野｜淺草

1.店內環境／2.店門口／3.花草茶／4.像花圈的吐司／5.鹹食餐點

超美溫室植物咖啡廳
Aoyama Flower Market TEA HOUSE

B3出口
步行約6分鐘

　　這間由日本知名花店Aoyama Flower Market所開的TEA HOUSE，以溫室作為店的主題，使用了大量翠綠植物配上當季花朵布置在店的每個角落，真的讓人看得目不轉睛，美不勝收。

　　餐點有鹹食與甜食，其中必點的像花圈的法式吐司，上面放有鮪魚、生菜外，還會放上可以食用的花朵，送上來的時候相當驚艷，美得不知該從哪裡下手。

　　店裡還有許多花草茶品，每一種茶都是現場沖泡，菜單上都會寫上每種口味的差別。這間店在IG上相當熱門，但無法預約，午餐時間可能會需要排隊。

reurl.cc/80L0Zb｜〒107-0062東京都港區南青山5-4-41｜(03)3400-0887｜10:00〜21:00(最後點餐時間：餐點20:00、飲料20:30)｜午餐約2,000〜2,999日幣、晚餐約2,000〜2,999日幣

氣氛優美的地中海餐廳
CICADA

B1出口 步行約5分鐘

CICADA是間氣氛典雅且浪漫的地中海料理餐廳，店家非常用心裝潢整間店，在東京相當有名，許多藝人與模特兒都會來這裡享用餐點。店內的座位有分室內與室外區，晚上會點上一盞盞溫暖色調的黃光，更增加店鋪的神祕感。

餐點主要以義大利麵、披薩、一品料理、羊排、牛排為主，入坐後店家會送上開胃菜，有點鹹味的薄餅相當好吃！推薦可以點份有干貝的奶油燉飯，味道濃厚、飯的軟硬適中，很喜歡這道餐點的味道。

1.室內座位區／2.適合配酒的小菜／3.微弱的燈光讓用餐氣氛更添爛漫

www.tysons.jp｜〒107-0062東京都港區南青山5-7-28｜(03)6434-1255｜午餐11:30～16:00(最後點餐15:00)、咖啡15:00～17:30(僅提供甜點、飲品)、晚餐17:30～22:30(最後點餐21:30)｜午餐約2,000～2,999日幣、晚餐約6,000～7,999日幣

自己親手做的草莓大福甜點
茶洒 金田中

A1出口 步行約1分鐘

位在表參道大馬路旁的大樓內的茶洒金田，店內最特別的人氣餐點是可以自己動手包的草莓大福甜點，店家會把紅豆餡、外層麻糬皮、草莓分開放，讓客人可以依照自己的喜好，邊吃邊包自己的草莓大福。

除了甜點之外，店內還有賣日式套餐，價位大概在5,000日幣左右。從前菜到主餐與最後的甜點，每一道菜都像是一個漂亮的藝術品，擺盤簡約，味道清爽，分量稍微小，很適合女生享用！

1.人氣草莓大福讓客人擁有DIY的樂趣／2.店內環境／3.餐點的味道比較清淡爽

reurl.cc/dLlyxV｜〒107-0061東京都港區北青山3-6-1(oak omotesando 2樓)｜(03)6450-5116｜11:30～22:00(午餐11:30～14:00、最後點餐：餐點21:00、飲料21:30)｜不定休(以OAK表參道大樓營業時間為主)｜假日多需要排隊，平日晚上較能順利入內

銀座線

澀谷｜表參道｜銀座｜日本橋｜上野｜淺草

銀座線 / Ginza Line

09 銀座 Ginza

◀ 新橋 Shimbashi　　京橋 ▶ Kyobashi

　　銀座，這個東京的繁華商業區，以其獨特的魅力和高端的時尚品位著稱。這裡不僅匯集了眾多流行時尚品牌，還是許多國際高檔奢華品牌旗艦店的所在地。

　　從晨曦破曉到夜幕降臨，銀座的街道始終充滿活力和熱情，吸引著各個年齡層的人群。

　　擁有悠久歷史的三越百貨，是個絕佳的購物選擇，不論是尋找最新的時尚單品，還是欣賞這個區域的獨特建築和文化氛圍，銀座提供了無與倫比的購物體驗，絕對是個不容錯過的東京地標。

銀座站周邊街道地圖

轉乘資訊
丸之內線、日比谷線

90

銀座線

澀谷 ─ 表參道 ─ 銀座 ─ 日本橋 ─ 上野 ─ 淺草

1.銀座假日會變步行者天國／2.銀座著名地標「和光百貨鐘樓」／3.好吃的蛋包飯／4.來銀座木村屋買麵包／5.到銀座不二家總店喝下午茶／6.銀座LOFT／7.銀座資生堂也有伴手禮可以買／8.伊東屋有賣許多文具和卡片類商品／9.銀座超大間無印良品（5,7圖片提供／Eric，6圖片提供／銀座ロフト）

在地推薦

銀座LOFT旗艦店

　　銀座LOFT共有6層樓，販賣美妝、文具小物、手帳、時尚雜貨、旅行用品、3C科技、鐘錶、日雜等都能在此找到。（見P.95）

圖片提供／銀座ロフト

遊客必訪

木村家

　　這間木村家是紅豆麵包的始祖店鋪，已有百年歷史，使用酒種酵母做出來的麵包帶點酒的香氣，跟一般的紅豆麵包很不一樣。（見P.97）

作者最愛

銀座伊東屋

　　銀座伊東屋是文具控的最愛，紙張、卡片、文具、筆記本、手帳等文具商品超級多，日本國內、海外少見的商品都有賣。（見P.93）

91

銀座中央通

高級名牌、百貨聚集地

A13出口 步行約1分鐘

銀座在江戶時代是銀幣鑄造所的地區，從古時候就是非常重要的商業開發地，而銀座現在可說是新舊融合，聚集許多高級名品店、旗艦店、百貨公司，高雅的酒吧、餐飲店也都林立於此，白天與夜晚都非常熱鬧，許多政商名流、演藝人員都會出現在銀座，走在路上可以注意看看或許能找到。

每到假日，馬路會整個封街，成為行人逛街的「步行者天國」。這是從二戰後延續至今的習慣，路上會擺出幾張桌椅，讓行人們可以安心逛街，逛累了可以在大街上坐著休息。

1.假日銀座中間的道路都可以自由行走／2.碰上新年時期還會掛上日本國旗

〒104-0061東京都中央區銀座3-6

銀座三越

銀座超老字號百貨店

A7、A8出口 步行約1分鐘

銀座三越身為超老字號的百貨公司，已經開業百年左右。三越的前身其實是間名為越後屋的和服店，經過多年轉變，成為現今大家熟知的三越百貨。三越百貨地下4層、地上12層，各種高級名牌、時尚流行品牌加起來超過200間。

而地下2、3樓的美食街、超市也很有看頭，非常多熱門名產都設點於此，洋菓子、和菓子、熟食、水果、酒類等種類超豐富，是許多顧客挑選伴手禮的第一選擇。如果逛累了還能到9樓的休息空間，室內室外都設置了很多桌椅，逛累就來這裡坐一下吧！

1.店內環境充斥著高雅奢華的氣息／2.三越百貨門口一定會擺放的獅子

pse.is/6csllm ｜ 〒104-8212東京都中央區銀座4-6-16 ｜ (03)3562-1111 ｜ 10:00～20:00

1.伊東屋的招牌商品「萬年筆」／2.無論平時或假日來客人都很多／
3.每一種產品的類別都很齊全／4.販賣筆的樓層有非常多特別的筆

超過百年的文具專賣店
銀座伊東屋

A13出口
步行約3分鐘

銀座伊東屋從1904年就在銀座展店，已超過百年的歷史，經歷了關東大地震、二戰，曾經兩次完全燒毀，也曾經歷過戰爭時期因物資匱乏，無法經營下去只好停業等的困難，但在經營者們的努力下，重新振作再出發，如今，我們才能逛到這間非常有趣的文具店。

店內總共有地下1層、地上12層，每一層都有詳細的規劃，紙張、卡片、文具、筆記本、手帳等商品都擺放的很清楚。販賣的商品非常廣，除了日本當地文具外，海外少見的文具、彩繪用具等也都能在這裡找到，伊東屋也有出自己品牌的商品，許多皮革類的手帳外殼看起來也都很有質感。讓我印象最深刻的是萬年筆的展示非常多，喜歡寫字的人可以來這裡找找屬於自己的萬年筆。

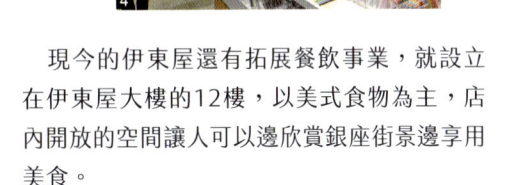

現今的伊東屋還有拓展餐飲事業，就設立在伊東屋大樓的12樓，以美式食物為主，店內開放的空間讓人可以邊欣賞銀座街景邊享用美食。

時間充足的話，可以去11樓觀看非常特別的室內水耕栽培的野菜，在繁華的銀座內竟然可以有這樣的空間別有一番野趣。

www.ito-ya.co.jp｜〒104-0061東京都中央區銀座2-7-15｜(03)3561-8311｜週一～六10:00～20:00，週日、國定假日10:00～19:00，12樓餐廳11:30～21:00（最後點餐20:00）

銀座線

澀谷｜表參道｜銀座｜日本橋｜上野｜淺草

12層樓高的優衣庫旗艦店
UNIQLO 旗艦店

A2出口 步行約4分鐘

在銀座中央通可以看到非常大間的UNIQLO，每一層的玻璃窗都展示著當季最新流行商品，遠遠經過就會被這間店吸引目光。旗艦店共有12層，是目前東京最大間的，大量的人形模特展示著服飾，給人一種先進科技感。最大的特色之一是店內有一層樓專門展示T-shirt，商品數非常多，價格也相當便宜，讓人逛到停不下來。

而其他樓層則是當季商品、萬年熱賣內搭等，男生、女生、嬰幼兒的商品都很齊全。如果逛累了可以去12樓的UNIQLO首間咖啡店，體驗充滿別具一格的UNIQLO味。

/reurl.cc/67YaEd
〒104-0061東京都中央區銀座6-9-5　050-3355-7394
11:00～21:00

6層樓超大間旗艦店
MUJI 旗艦店

B4出口 步行約3分鐘

無印良品的簡樸質感及重視環保的形象深受大眾喜愛，一系列自家品牌產品，從家電、居家用品、衣物、旅行用品、彩妝護膚品都能找到，近年來還跨足露營場、建築業、餐廳、飯店，商品範圍非常廣。

無印良品也有賣微波加熱食品與醬包，綠咖哩口味跟滷肉飯口味很好吃！另外有賣炊飯元素，倒進電鍋內就能煮出好吃的炊飯，相當方便。

此外，保養品也非常平價又優質，我非常愛用無印良品的美容油，針對不同部位的美容用油，可以加強保濕滋潤，搭配按摩吸收效果極佳，在家放個一兩罐，乾燥時隨時使用。

1.旗艦店是少數有在賣茶的店家／2.6樓的無印良品旗艦店／3.無印麵包屋

reurl.cc/rr4gVN　〒104-006
1東京都中央區銀座3-3-5　(03)3538-1311　11:00～21:00

商品超豐富的旗艦店
LOFT 旗艦店
C8出口 步行約3分鐘

LOFT賣的商品非常廣泛，例如美妝、文具小物、手帳、時尚雜貨、旅行用品、3C科技、鐘錶、日雜、旅行用品等，包含各種有質感又實用的雜貨、商品都收藏在店內，6層樓的超大型店鋪。

1樓設有LOFT FOODLAB簡餐店，賣麵包、冰淇淋、薯條等餐點，有吃又能買，非常多元的一間商店。2樓是以自然為主題的保養品專賣，也有賣男生專用款。3樓是旅行類商品、4樓是家庭用雜貨。如果對於紙膠帶、文具、富士底片相機很感興趣，千萬別錯過5樓。

圖片提供／銀座ロフト

www.loft.co.jp/shop_list｜〒104-0061東京都中央區銀座2-4-6｜(03)3562-6210｜週一～六、國定假日11:00～21:00，週日11:00～20:00

日本知名美容儀旗艦店
YA-MAN the store GINZA
A11出口 步行約3分鐘

這間YA-MAN在日本開業多年，光是開發不同級別的美容儀就有30多種，想要買美容儀的時候自己選還真的有點眼花繚亂，但來到銀座旗艦店的話，店內有會講中文的店員，也可以試用產品，有店員幫我們細心解說，更能選出適合自己的產品。

除了美容儀器之外，整髮道具、彩妝保養品也都有販售，對日本精緻女性產品有興趣的話，推薦來這裡看看。如果對臉部保養課程有興趣，也可以來YA-MAN開的FACE LIFT GYM，由專門的人使用儀器幫我們美容。

www.ya-man.co.jp/ginza｜〒104-0061東京都中央區銀座8-9-1｜(03)3289-0655｜11:00～20:00｜不定休

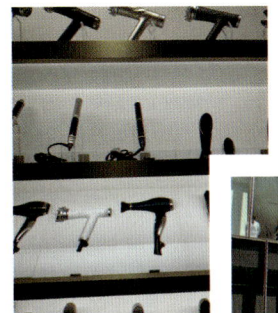

1.可以試用產品／2.各式各樣美容儀器、整髮道具／3.店門口

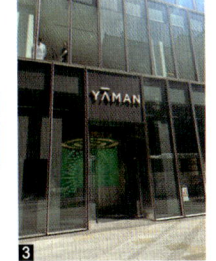

銀座線 澀谷 表參道 銀座 日本橋 上野 淺草

平價日本甜點老舖
GINZA Cozy Corner

A13出口 步行約2分鐘

　位在銀座大街上的這間GINZA Cozy Corner，在日本知名的連鎖店，銀座是本店，開業至今已有75年。店家最大的特色是蛋糕都非常平價，蛋糕架上種類眾多，每次走進店內就會讓人很猶豫到底要買哪一個好。

　店內的蛋糕依照季節都會有些許變化，其中以草莓蛋糕人氣最高，小小一塊只要大概500日幣就能買到，無論是草莓的鮮度或是蛋糕的質感都很令人讚賞。店內的蛋糕都是每日工廠新鮮配送，喜歡吃蛋糕又不想花太多費用的話，很推薦來吃看看日本國民蛋糕品牌GINZA Cozy Corner。

1.店家有兩層樓／2.店內有許多蛋糕都非常平價／3.人氣草莓海綿蛋糕

www.cozycorner.co.jp｜〒104-0061東京都中央區銀座1-8-1｜(03)3567-5015｜10:00～20:00、咖啡11:00～19:00、聖代類14:00開始提供至商品銷售完畢｜蛋糕400～700日幣

銀座懷舊洋食店舖
煉瓦亭

A11出口 步行約3分鐘

　作為日式牛肉燴飯與蛋包飯的發祥始祖店，從1895年開業至今已有百年以上歷史。店內總共有3層樓，每到吃飯時間就會出現排隊的隊伍，至少要等上15分鐘才有機會入座，一進到店內就能感受到濃濃的懷舊氣氛。

　煉瓦亭的餐點全以日式洋食為主，炸豬排、蛋包飯與日式牛肉燴飯是店內最有人氣的餐點，沒有提供套餐，全是單點。蛋包飯看起來簡簡單單，但吃第一口就能感受番茄醬酸甜口感，每一口都能吃到食材的美味香氣，搭配蘑菇特有的氣味和咀嚼感，是絕妙的好滋味！

reurl.cc/qv1ybn｜〒104-0061東京都中央區銀座3-5-16｜(03)3561-3882｜週一～六11:15～15:00(最後點餐14:00)、17:30～21:00(最後點餐20:00)｜週日、夏季不定休、日本過年期間會另行公告休業日｜午餐約1,000～1,999日幣、晚餐約2,000～2,999日幣

紅豆麵包始祖店
木村家

A9出口 步行約1分鐘

1870年開始以木村家之名營業，由於當年沒有適合做麵包的酵母菌，因此店家自己研究和研發，經多次嘗試後，以日本酒的酒種酵母成功做出美味的紅豆麵包。

紅豆麵包的內餡與麵團也都經過嚴選，為了讓麵團能夠配合酒種酵母呈現最美好的狀態，對小麥粉的比例精準拿捏，不容許誤差，紅豆則是挑選來自北海道十勝的紅豆，再經由店的獨特豆煮方式，將紅豆煮的恰當好處。

除了最熱門的紅豆麵包外，還有許多當日現做的美味麵包，吸引客人前來探店。

1.必買人氣紅豆麵包／2.位在銀座的好吃麵包店／3.現烤麵包非常可口誘人

http www.ginzakimuraya.jp｜〒104-0061東京都中央區銀座4-5-7｜(03)3561-0091｜10:00～20:00｜休 12/31、1/1｜$ 紅豆奶油麵包249日幣、酒種麵包100～200日幣

銀座線

澀谷｜表參道｜銀座｜日本橋｜上野｜淺草

堅持古法製作的超寬烏龍麵
花山烏龍麵

A12出口 步行約7分鐘

花山烏龍麵的麵條跟以往我們常吃的很不一樣，超寬超扁帶有咬勁的口感真的很特別。從明治時代的第一代開業至今是第五代接手，是超過100年的超級老舖。本店位在群馬縣，在東京有3間分店，銀座店是其中一間，經過這邊都會看到排隊的人潮。

這間烏龍麵堅持用過去流傳下來的手法製作麵條，不僅用群馬當地出產的小麥粉，加入乾淨軟水並使用室內晾曬製法，多道工程所做出來的麵條特別有口感。烏龍麵的價位約1,000日幣，是平價又好吃的必吃美食。

http www.hanayamaudon.co.jp/ginza｜〒104-0061東京都中央區銀座3-14-13｜(03)6264-7336｜平日11:00～15:30、17:30～21:30，假日11:00～16:00｜休 週末、國定假日晚餐時段休息｜$ 午餐約1,000～1,999日幣、晚餐約3,000～3,999日幣

銀座線／Ginza Line

11 日本橋
Nihombashi

◀ 京橋 Kyobashi　　三越前 Mitsukoshimae ▶

　　日本橋，不僅是東京的交通核心，更是一個充滿歷史意義的重要地標。曾是古代進出東京的必經之地，現在則是一個繁華的都市中心。

　　日本橋區域不僅聚集了許多現代化的商業辦公大樓，還擁有各式各樣的購物中心和豐富的美食街，對於那些渴望品嘗東京傳統美食的遊客而言，日本橋絕對是一個不可錯過的目的地。每條街道和建築在這裡都似乎在講述著一段段古老的故事，為遊客提供了一次難忘的文化探索之旅和味蕾的極致享受。

日本橋站
周邊街道地圖

轉乘資訊
都營淺草線、東西線

銀座線

澀谷｜表參道｜銀座｜**日本橋**｜上野｜淺草

1.日本橋高島屋旁有條櫻花大道／2.三井住友銀行日本橋支店旁櫻花季時會打燈／3.多幸本店的豆腐飯是店內招牌／4.夜晚的日本橋／5.來逛逛奈良縣物產館／6.多幸關東煮店已經營業相當多年／7.金子半之助總本店是日本橋的排隊名店／8.好吃的蕎麥麵必吃店鋪／9.小津和紙賣了許多很有質感可以當畫的和紙

(5,7圖片提供／Eric)

在地推薦

小津和紙

超過360年的小津和紙，販賣各式日式和紙，和紙高質感且耐用，拿來當包裝紙或信紙都很適合，藝術創作也可來此找素材。(見P.101)

遊客必訪

多幸本店

關東風味的關東煮老鋪，使用鰹魚、昆布、砂糖、醬油熬製湯底，濃厚且帶甜味。食材經長時間熬煮，相當入味好吃。(見P.103)

作者最愛

藪伊豆總本店

享受每日新鮮手作蕎麥麵，吃一口就能感受到蕎麥的香氣。午餐時間還有定食套餐相當划算，推薦可以來吃看看。(見P.102)

99

富有歷史意義的麒麟像
日本橋麒麟像

B9出口
步行約4分鐘

日本橋作為日本道路的起點，在日本歷史上有重要的地位，這座日本橋從古以來就是通往各處的重要道路，最初代的道路是在1603年建造而成，當時僅是木造橋樑，爾後經過數次重建，目前我們看到的是第20代日本橋，在1999年改建完畢，被認定為國家重要文化財。

在改建成石頭造橋時，為了更顯現這裡是東京的門面，加上了這座麒麟像。麒麟在古代就有吉兆之意的吉祥物，因此在日本橋加上這個雕像象徵祈願東京能夠繁榮昌盛。

〒103-0022東京都中央區日本橋1-1

樂透中獎有靈驗的神社
福德神社

B12出口
步行約7分鐘

在熱鬧的商業區內，有這麼一間小小的福德神社藏身於此。據說這間神社從859～876年就在日本橋鎮守著，距今已有數千年的歷史，現今神社位置雖有經過搬遷，但都持續留在日本橋地區。

在1590年間日本有名的將軍德川家康曾經來次參拜過，據說深受武將們的尊敬，也因此讓福德神社在日本占有一席之地。

現在的福德神社被稱為拜樂透很靈驗的神社，據說神社內有賣一種「富籤御守」，是在江戶年間被幕府公認可發行的神社之一，來這裡能讓金運上昇，更有機會中樂透。有發財夢的話可以來這裡增加金錢運勢！

1.正殿總會看到不少信眾來參拜／2.抽到凶的籤詩也不用擔心，可以綁在這祈求轉運／3.小小一間卻頗具盛名的福德神社

mebuki.jp｜〒103-0022東京都中央區日本橋室町2-4-14｜(03)3276-3550｜授與所10:00～17:00、御朱印受付10:00～15:00

1.店內有許多和風的包裝紙和風小屏風，藝術感十足／2.店門口／3.現場可以體驗造紙DIY／4.和風的御朱印本子

從和紙上見到日本的美麗與浪漫
小津和紙
B12出口 步行約10分鐘

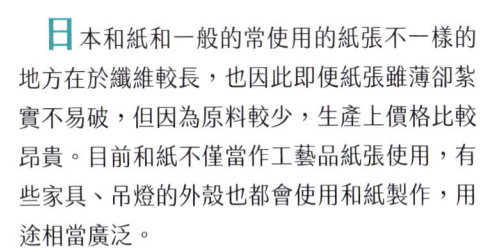

日本和紙和一般的常使用的紙張不一樣的地方在於纖維較長，也因此即便紙張雖薄卻紮實不易破，但因為原料較少，生產上價格比較昂貴。目前和紙不僅當作工藝品紙張使用，有些家具、吊燈的外殼也都會使用和紙製作，用途相當廣泛。

和紙的歷史距今已經有千年左右，保留最傳統和紙做法的小津和紙店舖，開業至今已有360年以上，相信對於從事藝術或設計工作的人，這間店一定會很吸引你。

店內販售著各式各樣不同用途的和紙，包裝紙、筆記本內頁、信紙、畫圖用紙等，商品量非常豐富。這裡的商品也因為多都是手工製作的關係，全世界獨一無二，據店長說有一些外國旅客會特地來小津和紙買和紙商品帶回去裱框起來當作畫作欣賞。

如果對日本和紙的製作感興趣的話，還可以付費體驗手作和紙，體驗一次是800日幣，製作出來的A4大小和紙能夠帶回家做紀念。

在小津和紙的3樓詳細展示著有關和紙與造紙的相關歷史資訊，完整看到整個造紙技術的變化與日本和紙的來由與製作過程。此外，還有展示各地和紙職人所製作出來的和紙。以及由和紙製成的版畫等藝術品，是個充滿美感又別具教育意義的展示空間。

www.ozuwashi.net ｜ 〒103-0023東京都中央區日本橋本町3-6-2 ｜ (03)3662-1184 ｜ 週一～六10:00～18:00 ｜ 週日、12/29～1/1

銀座線｜澀谷｜表參道｜銀座｜日本橋｜上野｜淺草

101

重要文化財的懷舊百貨公司
日本橋高島屋

B2出口 步行約1分鐘

日本橋高島屋從1933年開業至今，已接近百年，在2009年被列為國家的重要文化財，來到這一邊購物還能一邊欣賞建築之美。高島屋現在有分本館、新館和東館，從本館的大門、牆壁上的雕花與天花板的紋路就能感受到和洋融合的設計，其中最吸引人的是傳承多年的手動電梯，復古又非常美麗。

高島屋館內的店鋪許多都是較為奢華的高級品牌，地下1樓還有熱門的伴手禮專區，想買到不一樣的伴手禮帶回家，可以來這裡找找。

reurl.cc/dLl0OV｜〒103-8265東京都中央區日本橋2-4-1｜(03)3211-4111｜本館10:30～19:30，本館地下2樓、8樓餐廳11:00～21:30

1.高島屋復古的外牆／2.店內環境大氣穩重

東京超老蕎麥麵店鋪
藪伊豆總本店

D1出口 步行約4分鐘

藪伊豆總本店的歷史可以追溯到江戶時代天保年間(1830～1843年)，歷史悠久，位在比較寧靜的巷弄裡，一到店門口就能感受到這間店帶有種復古日式氣息。藪伊豆的蕎麥麵每日新鮮現做，使用古老工法做出來的蕎麥麵有著蕎麥香氣，咬起來也很有口感。

午餐有提供定食套餐，除了有蕎麥麵之外還有小菜、一小碟的主菜跟一碗飯，這樣一個餐點價格不超過1,500日幣，便宜又好吃。也可以選擇單點蕎麥麵，或點一品料理配啤酒和朋友一起分享。

www.yabuizu-souhonten.com｜〒103-0027東京都中央區日本橋3-15-7｜(03)3242-1240｜午餐：週一～五11:15～14:45，週六、國定假日11:30～14:45；晚餐：週一～五17:00～21:00(最後點餐20:30)，週六、國定假日17:00～20:00(最後點餐19:30)｜休 週日

1.午餐套餐非常豐富超值／2.豆皮很香很好吃／3.位在現代大樓旁的小巷內，一眼就看到別具風味的藪伊豆

人氣日式和菓子老店
兔屋

A4出口 步行約1分鐘

這間位在日本橋的兔屋是東京有名的銅鑼燒店,被稱為銅鑼燒御三家之一。兔屋的第一間店開在上野,賣的是日式甜點,羊羹、和菓子、銅鑼燒等都相當受歡迎。現在這間店是創業者的兒子獨立出來開的和菓子店鋪,由於只能外帶,時常會看到外面大排長龍。

來兔屋一定要買銅鑼燒,內餡使用了北海道十勝產的紅豆,吃起來扎實有彈性,買到的當下馬上吃真的很有幸福感。建議大家早一點去,太晚到的話就有可能銷售一空。

reurl.cc/E4L79n | 〒103-0027東京都中央區日本橋1-2-19(本店)、1-3-8(中央通店) | (03)3271-9880 | 09:30～18:00 | 本店:週六、日、祭祀日;中央通店:週日、祭祀日 | 本店:日本橋站A4出口步行1分鐘;中央通店:日本橋站B11出口步行1分鐘

東京關東煮人氣老鋪
多幸本店

B5出口 步行約1分鐘

關東煮多幸本店是以道地的濃厚且帶有點甜辣的關東風味聞名,湯底則是使用了鰹魚、昆布、砂糖、醬油去熬製而成。

來到多幸推薦一定點碗豆腐飯,使用的是人形町豆腐名店「雙葉」的豆腐,超大一塊豆腐放在飯上,淋上超下飯的醬汁,超級好吃!

關東煮的選項非常多,建議可以先點一份綜合關東煮,由老闆直接配料,省去自己挑選的麻煩。若想要自己點餐,作者大力推薦要一定要點蒟蒻跟蘿蔔,不僅兩個的分量都非常大,滷汁整個被吸入食材內,味道非常香。

1.綜合關東煮／2.關東煮老鋪／3.店內人氣豆腐飯

a439400.gorp.jp | 〒103-0027東京都中央區日本橋2-2-3 | (050)5492-2962 | 週一～五16:30～22:00(最後點餐21:15),週六、國定假日16:00～22:00(最後點餐21:00) | 週日

銀座線 / 澀谷 / 表參道 / 銀座 / 日本橋 / 上野 / 淺草

銀座線／Ginza Line

16 上野 Ueno

◀ 上野廣小路 Ueno-hirokoji　　稻荷町 Inaricho ▶

　　走出上野車站，你會立刻被阿美橫町的熱鬧氛圍所吸引。這條著名的商店街藏匿著形形色色的店鋪，其中包括充滿地方特色的美食攤販、獨具匠心的雜貨店、時髦的鞋屋、具有歷史感的軍品店及新鮮的水果攤位，始終保持著歷史的熱鬧與現代的活力。

　　上野公園及其內部的眾多美術館也是遊客們的必遊之地，上野公園隨著季節變換展現不同風情，無論是春季盛開的粉嫩櫻花、秋天醉人的紅葉繽紛，或是夏日裡靜謐的蓮花池，每一景都讓人感受到大自然的恩賜與藝術的融合。

上野站周邊街道地圖

轉乘資訊

新幹線、JR東日本、日比谷線、京成電鐵

1.上野公園內有許多景點很值得探訪／2.在上野阿美橫町內可買到便宜零食／3.櫻花季的上野也很漂亮／4.上野車站前的天橋／5.阿美橫町的名物之一「水果串」／6.阿美橫町內的街道／7.冬季時在車站內會有聖誕樹／8.好吃的ねぎし牛舌／9.上野公園內的美術館 (5,10圖片提供／Eric)

銀座線

澀谷　表參道　銀座　日本橋　上野　淺草

在地推薦
二木菓子
想買餅乾糖果帶回家，一定要來這間位在阿美橫町內的二木菓子，內藏數千種的日本菓子，許多不常見的餅乾也找得到。(見P.110)

遊客必訪
井泉炸豬排店
1930年開業至今的超老、超有名炸豬排店就隱身在上野的小巷弄內，身為豬排三明治的發祥店，非常推薦點一份吃吃看。(見P.113)

作者最愛
多慶屋
多慶屋在上野有多年的歷史且有好幾棟，販賣商品的種類多到不行，你想得到的商品在這邊都有機會可以找得到。(見P.110)

105

賞花散步好去處
上野恩賜公園
7號出口 步行約5分鐘

　上野恩賜公園占地約53萬平方公尺，在熱鬧市區內能有一個充滿大自然的公園著實難得，每到春季櫻花與秋季紅葉的季節，都會非常熱鬧。尤其是春天，盛開的美麗櫻花數量多，吸引了許多旅客前來欣賞，在公園內有許多可以坐下來的地方，如果在上野逛累了也很適合來公園內休息一下。

　上野恩賜公園內的不忍池還有漂亮的蓮花，7～8月是最適合的觀賞時期。此外，擁有可愛熊貓的上野動物園、都立美術館、國立科學博物館、寺廟神社也都藏身於此，是個充滿文藝氣息的特色公園。

reurl.cc/N4EY69 ｜ 東京都台東區上野公園・池之端三丁目 ｜ (03)3828-5644

1.上野公園內處處是美景，櫻花季非常美麗／2.掛上燈籠的祭典氣氛很熱鬧

東京歷史悠久的動物園
上野動物園
7號出口 步行約8分鐘

　上野動物園位於鬱鬱蒼蒼的上野公園丘陵地帶，園內展現了豐富的自然環境與多樣的動物生態。遊客可觀賞大猩猩、老虎、亞洲象、熊、北極熊和海豹等動物在模擬自然環境中的生活風貌，日本動物區展示了與日本文化相關的物種，如五重塔背景下的日本野鳥和鹿等、設有小松鼠活動的連結籠等特色設施。

　園區內保留了多處歷史建築，如1639年重建的國家文化財──舊寬永寺五重塔，以及建於19世紀末期的閑々亭等，這裡不僅是個觀察動物的好去處，也是個體驗日本文化的獨特場所，適合家庭親友來此共度美好時光。

1.上野動物園大門口（照片來源：(公財)東京動物園協會）

reurl.cc/WRV039 ｜ 〒110-8711東京都台東區上野公園9-83 ｜ (03)3828-5171 ｜ 09:30～17:00(售票截止16:00) ｜ 休 週一、12/29～1/1 ｜ 大人600日幣、65歲以上300日幣、國中生200日幣、小學生免費

東京歷史悠久的人氣寺廟
上野東照宮

7號出口 步行約10分鐘

位在上野恩賜公園裡面，金碧輝煌的大門造型讓人忍不住會想走進去一探究近。這裡曾經歷過關東大地震、戰爭的砲火，卻依然屹立不搖的佇立於此，是非常有歷史的建築物之一。在入口處有一個大石鳥居，在1633年就建於此地，是日本的重要文化財。

這裡主要祭拜德川家康，在東照宮的境內可以看到有許多座石頭燈籠，這些都是過去古人的奉納品，或許可以找到有你知道的古人名字。

www.uenotoshogu.com ｜ 〒110-8711東京都台東區上野公園9-88｜(03)3822-3455｜參拜：冬季(10～2月)09:00～16:30、夏季(3～9月)09:00～17:30，御朱印、御守、內部參觀：冬季09:30～16:00、夏季09:30～17:00｜參拜免費，內部參觀：大人(中學生以上)500日幣、小學生200日幣

上野必逛熱鬧商店街
阿美橫町

5b出口 步行約2分鐘

從上野車站一出來就能看到熱鬧的逛街商圈，阿美橫町是上野地區非常好逛的商店街，集結了各種店家，好買好吃又好玩！

阿美橫町內有好幾家店都非常便宜，像是OS Drog藥妝，這家雖然無法退稅，但不少商品比退稅後還便宜。而想買餅乾糖果則可以去二木菓子店，還有水果店、鮮魚店，販賣的東西真的應有盡有。在街道的兩旁有許多美食攤販與居酒屋，熱鬧的景象有如台灣夜市的氣氛。

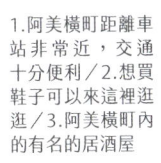

1.阿美橫町距離車站非常近，交通十分便利／2.想買鞋子可以來這裡逛逛／3.阿美橫町內的有名的居酒屋

www.ameyoko.net ｜ 〒110-0005東京都台東區上野6-10｜(03)3832-5053｜10:00～20:00(各店家營業時間不定)

銀座線 ｜ 澀谷 ｜ 表參道 ｜ 銀座 ｜ 日本橋 ｜ 上野 ｜ 淺草

東京特寫

林立在上野公園內的
美術館們

上野公園不只是散步、欣賞風景的好地方，腹地廣大的公園內還有許多美術館、博物館，可說是個融合自然及人文藝術的完美地點，特別挑選5間跟大家分享。

生活即藝術

(以上3圖圖片提供／Eric)

東京國立博物館

開館於1872年，是日本最早的博物館，館藏超過12萬件，其中有多件被列為國家重要文化財，相當珍貴。除了有常設展能看到重要的收藏品之外，不定期還會開特別展。

博物館總共分為5個常設館「本館」、「東洋館」、「平成館」、「法隆寺寶物館」、「黑田記念館」，「表慶館」也會在有特別活動時才會開放。東京國立博物館的看點除了收藏寶物之外，博物館本身為東洋設計風的建築，在2001年被列為國家重要文化財。

reurl.cc/my3Gyl ｜ 〒110-8712東京都台東區上野公園13-9 ｜ 050-5541-8600 ｜ 週日、二～四09:30～17:00，週五、六09:～19:00 ｜ 週一 ｜ 參觀費(綜合文化展)：成人1,000日幣、大學生500日幣

國立西洋美術館

設立於1959年，館內收藏西洋繪畫、雕刻、素描、版畫等相關的藝術作品，多達6,000件。以印象派的繪畫和羅丹的雕刻作品，作為館內的主軸，梵谷、塞尚、莫內等著名畫家的畫作，也都是國立西洋美術館重要館藏，有機會能夠在美術館內欣賞到這些名畫，絕對是能讓熱愛美術者大飽眼福。

www.nmwa.go.jp/jp ｜ 〒110-0007東京都台東區上野公園7-7 ｜ (50)5541-8600 ｜ 09:30～17:30 (最後入館17:00) ｜ 週一、12/28～1/1 ｜ 常設展：大人500日圓、大學生250日圓(高中生以下、65歲以上免費)

上野之森美術館

上野之森美術館在1972年開幕，由公益財團法人日本美術協會運營的美術館。定期會更換內部展覽內容，主要以公募展、現代藝術與書法展為主，館內無常設展，是上野公園內唯一的私人美術館。

www.ueno-mori.org ｜ 〒110-0007東京都台東區上野公園1-2 ｜ (03)3833-4191 ｜ 10:00～17:00(最後入館16:30) ｜ 不定休 ｜ 根據展覽內容有所不同

東京都美術館

成立於1926年，是東京第一個公立美術館。宗旨是希望讓每個人都能在這裡享受藝術，讓藝術家的重要作品能夠有展出空間，以藝術之門作為美術館的目標。

這裡會展出各大海內外來的特別展外，館藏有雕刻等立體作品12件以及書法作品36件，雕刻作品在館內各個地方找到，書法相關作品則會在館藏展的時候展出。

www.tobikan.jp ｜ 〒110-0007東京都台東區上野公園8-36 ｜ (03)3823-6921 ｜ 09:30～17:30(最後入館17:00) ｜ 每月第1、3個週一（若遇國定假日則休隔日）｜ 根據展覽內容有所不同

國立科學博物館

日本最大的自然科學系博物館，館內有數萬件的收藏品，常設展分為地球館與日本館。地球館展示從古至今的地球生態發展，內有許多動物標本、恐龍標本，並且也展示了以科學技術探討地球的科技。

日本館則展出日本列島地殼變化、生物、生活習慣等，收藏物品相當廣泛，是個大人小孩都會看得入迷的博物館。

www.kahaku.go.jp ｜ 〒110-8718東京都台東區上野公園7-20 ｜ (050)5541-8600 ｜ 09:00～17:00(最後入館16:30) ｜ 週一、12/28～1/1 ｜ 常設展：大學生、大人630日幣、高中生(含)以下免費

銀座線

澀谷｜表參道｜銀座｜日本橋｜上野｜淺草

二木菓子

集結 5,000 種類餅乾甜點

5b出口 步行約6分鐘

位在上野阿美橫町內的二木菓子，開店至今已有70年以上的歷史，最早只在上野有開店，現在其他地區也有展店。上野這間店面面積非常大，約有5,000種的商品任你挑，品項非常豐富，有大家熟知的人氣餅乾、特產，還有不少高品質的菓子，還會依照季節展示不同商品。

對於喜歡吃餅乾零食的人一定要來走一趟，店鋪就像是一個藏寶箱，藏著各式各樣非常有特色的小零食，肯定讓你感到非常驚喜。

1.超大間的餅乾糖果專賣店，讓人一進去就想大買特買／2.商品選擇多，價格也便宜

www.nikinokashi.co.jp｜〒110-0005東京都台東區上野4-1-8｜(03) 3833-3911｜10:00～20:00

多慶屋

各種你想得到的都有賣

3號出口 步行約5分鐘

多慶屋是上野地區非常有名的綜合購物中心，從戰後開店至今已有70年的歷史，最早創業時是道具屋，主要是幫客人代理購買，後來一路增加品項，現今各種食品、日用品、藥妝、珠寶、家電、酒類等商品都有販售，物美價廉深受許多人喜愛，走進去就會逛到欲罷不能！

目前多慶屋在上野分為好幾棟，每個館內販賣的商品都不太一樣，建議可以先上官網確認一下，或直接到現場詢問工作人員，店內有許多會講中文的員工，讓你可以放心找到自己想要的東西。

1.店內什麼商品都有／2.商品價格非常便宜，往往會讓人買到手軟／3.新裝修好的多慶屋帶給大家不少新鮮感

takeya.co.jp｜〒110-0016東京都台東區台東4-33-2(御徒町本店)｜(03)3835-7777｜TAKEYA1：09:00～21:00、B1、B2超市09:00～隔日01:00；TAKEYA3：10:00～19:00

小島屋
超過 100 種以上的果乾與堅果

5b出口 步行約6分鐘

從1956年開業至今已有多年歷史，整間店擺滿各類果乾與堅果，光堅果就有71種，果乾也有82種，老闆為了尋找最好吃果乾與堅果，跑遍世界各地，試吃了無數的果乾，商品都是他經過精挑細選帶回來販售。

老闆對堅果的製作品質非常堅持，因店面除了零售也做批發，從製作到銷售的時程非常短，商品的新鮮度甚至比大廠牌還高，而果乾為了保持鮮度則是從出產國直接進口製作好的。

果乾與堅果有許多營養，可以適量食用，健康又比較沒負擔。能找到種類這麼眾多的店，真的非常難得。

1.果乾的人氣店鋪／2.各類特色果乾，讓人愛不釋手

www.kojima-ya.com｜〒110-0005東京都台東區上野6-4-8｜(03)3831-0091｜10:30〜18:30｜日本新年｜單包約1,000日幣

銀座線｜澀谷｜表參道｜銀座｜日本橋｜上野｜淺草

London Sports
超便宜運動服飾與球鞋

5b出口 步行約6分鐘

位在阿美橫町內的這家運動服飾與球鞋品牌店，乍看很像台灣的菜市場攤位，衣服一箱一箱的疊在店裡，實際上都是各大運動品牌的過季商品，讓你以非常低廉的價格購買到非常好品質的商品。

如果不追求最新最流行的話，來這間店一定能讓你找到好康。從上衣到褲子、球鞋、背包、帽子等等的都有，慢跑專用、瑜伽專用，依照不同運動所出的服飾都能在此挖寶找到。但因為衣服許多都一箱一箱堆在一起，想要找到自己想要的商品得花一些時間。

reurl.cc/N4EVbx｜〒110-0005東京都台東區上野6-4-8｜(03)3831-6849｜10:00〜19:30

1.琳琅滿目各種超低價或優惠廣告的店門口／2.店內商品雖有點凌亂但品質不錯且超便宜

111

各種餅乾裝一袋便宜賣
志村商店

5b出口
步行約6分鐘

醒目的黃色招牌讓人不自覺得會看向這間店，常常是人山人海、一群人圍在店門口看著老闆叫賣。這家店的賣法非常不一樣，只要給老闆1,000元日幣，老闆就會請你拿著袋子，接著就會把無數的餅乾巧克力往袋子內狂塞，塞到滿滿的給客人，光看老闆跟客人的互動就非常有趣！

具體會塞多少分量，大概是固定的，但老闆看心情會多給一些，聽說若是女顧客就有機會獲得更多的分量喔！

1.1,000日幣老闆會給一堆餅乾／2.超便宜且有特色的賣法，經過時不妨停下來看看

ameyoko.la.coocan.jp｜〒110-0005東京都台東區上野6-11-3｜(03)3831-2454｜10:00～17:30

平價好吃牛舌店
Negishi

5b出口
步行約1分鐘

這家專賣牛舌的餐廳在東京擁有多家分店，其中上野區就設有兩家，深受當地人和遊客的喜愛。其人氣的牛舌套餐，店家會將牛舌煎至最佳熟度後端上桌，餐點不僅美味，價格親民，大多介於1,000～2,000日幣之間。

牛舌的厚度也可以根據個人喜好選擇，薄片牛舌口感酥脆，而厚片則帶來濃郁的嚼勁，兩者風味各異，皆令人難以忘懷。店內還提供半厚半薄的牛舌定食，讓顧客可以同時品嘗兩種獨特口味。此外還有豬肉和雞肉定食，提供給一同前來但不吃牛肉的顧客享用。

1.牛舌定食／2.店門口可見到各種不同的餐點照片及模型

reurl.cc/77W5QN｜〒110-0005東京都台東區上野6-14-7｜(03)5807-1588｜10:30～22:30(最後點餐22:00)｜900日幣以上

超過90年的老牌豬排店
井泉炸豬排

6號出口 步行約8分鐘

井泉自1930年開業以來，已悠然走過近1個世紀的時光，如今已傳承至第四代經營者。以其酥脆可口、肉質柔嫩的炸豬排聞名，引得饕客們樂於排隊等待。店內的炸豬排選擇多樣，涵蓋了各種部位，此外還有炸蝦、煎豬排等多種餐點可供選擇。

有趣的是，井泉還是炸豬排三明治這一獨特美食的發源地。故事起源於某個早晨，經營者的家人在享用早餐時，靈光一閃，想到將美味的豬排與吐司結合，如此一來，便誕生了令人垂涎的炸豬排三明治。

1.炸蝦與炸豬排的綜合口味是客人的最愛／2.開門時間前就會有人在店門口排隊

www.isen-honten.jp｜〒113-0034東京都文京區湯島3-40-3｜(03) 3834-2901｜11:20～20:10(最後點餐19:45)｜週三｜950日幣以上｜為了避免長時間排隊，建議可在開門之前抵達，較有機會快速入座

復古昭和風喫茶店
Galant

5b出口 步行約2分鐘

Galant喫茶店自1977年開業以來，已累積了豐富的歷史，其復古風格的外觀和招牌立即帶領顧客進入一個彷彿時間凝固的世界。店內位於2樓，裝潢從華麗的吊燈到經典的沙發座椅，每一處都透露著往日時光的魅力。

早上8點開始營業的Galant，不僅提供各式早餐套餐，還有咖哩飯、義大利麵等多樣化的輕食選擇。隨著中午時段的來臨，店內的客流逐漸增加，對於想尋求一段寧靜咖啡時光的人來說，選擇在早晨前來無疑是個明智之舉。

1.店內充滿著70年代的華麗風情／2.中午套餐可選擇義大利麵

〒110-0005東京都台東區上野6-14-4｜(03)3836-2756｜08:00～22:30｜600日幣以上

銀座線　澀谷　表參道　銀座　日本橋　上野　淺草

銀座線／Ginza Line

19 淺草
Asakusa

◀ 田原町
　Tawaramachi

　　淺草地區以淺草寺為中心，散發濃厚的古老韻味，擁有眾多保存至今的老鋪，是東京充滿古色古香風情的地方。淺草寺的歷史可追溯至西元628年，經歷多次地震和戰爭的摧毀，曾歷經多次修建。1951年，我們見到的淺草寺最終完工。深深植根的下町風格，一直未曾改變。

　　若你喜歡追尋復古氛圍的日本風情，淺草寺絕對是一個讓你難以割捨離開的魅力之地。在這裡，歷史的痕跡與濃郁的文化底蘊交織成一幅美麗的畫卷，讓人流連忘返。

淺草站
周邊街道地圖

轉乘資訊
都營淺草線、東武鐵道

銀座線

1.室淺草文化觀光中心樓上的展望台風景很美／2.三社祭時會非常熱鬧／3.在淺草可以試著穿浴衣搭人力車／4.梅園是開業多年的甜點老舖／5.最近很流行大正浪漫風的「蕾絲和服」／6.商店街內有許多商店可以逛／7.逛累了可以來吃一碗好吃甜點／8.在附近的合羽橋道具街可以買到許多餐盤／9.夜晚的淺草也非常有看頭

澀谷　表參道　銀座　日本橋　上野　淺草

在地推薦

隅田公園

　　距離淺草車站非常近的隅田公園，是賞花、賞晴空塔的好景點。公園內有無數的櫻花樹，在櫻花季時很適合邊賞櫻邊野餐。(見P.116)

遊客必訪

人力車體驗

　　淺草除了體驗穿和服或浴衣外，搭人力車遊淺草也是非常有趣的經驗，由帥氣小哥介紹淺草，更能了解當地的故事喔！(見P.119)

作者最愛

淺草文化觀光中心

　　淺草文化觀光中心有個免費欣賞淺草風景的展望台，一面朝著淺草寺，另外一面能清楚看到晴空塔與有名的啤酒泡泡。(見P.116)

115

賞櫻看晴空塔好去處
隅田公園

5號出口
步行約2分鐘

隅田公園占地非常廣大，約有18萬平方公尺，跨越了台東區與墨田區。

在隅田公園內可以眺望美麗的晴空塔與有大大啤酒泡泡的朝日集團總公司大樓，許多人會帶著野餐墊來這邊欣賞美景吃美食，能在此為晴空塔與櫻花拍下美麗的合照。

這裡約有500棵以上的櫻花樹，除了能欣賞染井吉野櫻、大島櫻等各種櫻花品種也在此公園內。從江戶時代的德川吉宗時期就開始種植櫻花，為了讓平民們也能賞櫻，沿著河岸兩側種下許多櫻花樹。

1.櫻花季的隅田公園／2.可以看到隅田川與電車的美景／3.能看到寬闊河景的好地方

〒111-0033東京都台東區花川戶1-1

眺望淺草寺與晴空塔的必去景點
淺草文化觀光中心

2號出口
步行約1分鐘

在淺草寺對面有個非常有設計感的淺草文化觀光中心，共有8層樓，館內有展示廳、多功能會議室、餐廳等，在8樓露天的展望空間，能眺望整個淺草的風景。展望台的空間雖然沒有太大，但備有幾張椅子讓旅客們可以欣賞美景，順此休息一下。

從正面看下方就是淺草雷門與仲見世通，一路延伸到淺草寺。往右邊能清楚看見美麗的晴空塔與朝日啤酒塔，如果是在櫻花季來，還能看到隅田公園的美麗櫻花，是個我自己非常喜歡也很喜歡帶朋友的景點之一。

http reurl.cc/rrXzaN ｜ 〒111-0034東京都台東區雷門2-18-9
(03)3842-5566 ｜ 09:00～20:00(8樓觀景台09:00～22:00)

1,300年以上的古老寺廟
淺草寺

1號出口 步行約2分鐘

淺草寺其創建可追溯至遙遠的西元628年。寺廟不僅見證了時間的流逝，更經歷了無數次的考驗，包括大地震、猛烈火災與第二次世界大戰的洗禮，現今所見的壯觀建築於1951年重新昂首挺立，象徵著恢復與重生。

踏入淺草寺的門檻，首先映入眼簾的是標誌性的「雷門」，一個重達700公斤、鮮紅色的巨型燈籠懸掛於門前，它的壯觀之姿成為了眾多遊客駐足留影的焦點。來淺草寺推薦試試看抽籤，籤詩提供英文版本，讓外國旅客也能了解內容。

1.這條是通往淺草寺的參道商店街「仲見世」／2.夜晚的淺草寺／3.雷門

www.senso-ji.jp｜〒111-0032 東京都台東區淺草2-3-1｜(03)3842-0181｜本殿06:00～17:00，10～3月06:30～17:00

銀座線｜澀谷｜表參道｜銀座｜日本橋｜上野｜淺草

東京特寫

淺草三社祭

淺草三社祭，東京一大盛事，每年5月第三週的週末舉行。這3天活動各異，主要在淺草寺與淺草神社周邊。活動以淺草神社啟程，遊行穿梭於淺草周邊。超過百台來自各神社的神轎齊聚，吸引超過百萬國內外旅客，現場熱鬧非凡，這個祭典據說可以讓淺草帶來好運氣。

www.asakusajinja.jp｜淺草寺與淺草神社周邊｜5月第三週的週五～日（以官網會公告當年度舉辦日期為準）

愛料理人的道具採購大本營
合羽橋道具街

1號出口 步行約10分鐘

對於喜歡收集廚具、餐盤、蛋糕餅乾烤盤等料理道具的人，合羽橋道具街絕對要來走一趟。這裡的店家賣著各式各樣不一樣的產品，每家店鋪都各有不同的特色。

有好幾家是專門賣刀具的店鋪，店內擺滿滿的刀具，由大到小各種不同用途的刀子；有些店還會提供刻名字服務；也有整間店都是賣烤蛋糕、烤餅乾模具的店家，不同大小的模具，價格不貴，五花八門讓人走進去真的可以逛很久。

www.kappabashi.or.jp/zh-TW | 〒111-0036東京都台東區松谷3-18-2 | (03)3844-1225 | 依照各店家不同

1.擺滿了多種陶瓷商品的店門口／2.食物樣本仿真效果非常好

淺草祭典風美食街
淺草橫町

6號出口 步行約7分鐘

位於東京樂天地淺草大樓內，搭上大樓電扶梯到4樓，就可以感受到整層樓非常不一樣，繽紛霓虹燈的裝飾，有種在參加熱鬧祭典的氣氛。淺草橫町以祭典為主題，每間店的裝潢都非常用心。

淺草橫町集結了7間不同風格的美食餐廳，燒鳥、韓式料理、壽司都能找到。各家店餐點價位不太一樣，但都不會太高價，如果肚子沒有很餓，想要點些下酒菜邊吃邊休息的話，很適合來淺草橫町這邊看看！

特別推薦來此要來看看廁所的洗手台水龍頭，關東煮的形狀非常有趣。

asakusayokocho.com | 〒111-0036東京都台東區淺草2-6-7(樂天地ビル4樓) | 12:00～23:00 | 不定休

1.淺草橫町內造景非常繽紛／2.淺草橫町的裝飾吸睛度破表／3.有許多不同特色的餐廳

創業百年道地人形燒
木村家

6號出口 步行約3分鐘

位在淺草仲見世通的最尾端，店家堅持最古老的手法與口味製作，從明治元年開業至今，已超過百年的歷史。

木村家的人形燒有分有紅豆餡與沒有包任何餡料的兩種選擇，兩種都非常好吃，可以都買來吃吃看，常溫下可放1週左右，但還是儘早吃完最不影響口感。

人形燒總共會做成4種不同圖案，分別為「五重塔‧雷神‧提燈‧鴿子」，這些都是很代表淺草的圖樣，大家可以邊吃邊找找看！

1. 販賣好吃的人形燒的木村家／2. 袋裝人形燒的分量嘗鮮剛好／3. 各種小日式餅乾

> reurl.cc/QeOjMO ｜ 〒111-0036東京都台東區淺草2-3-1 ｜ (03)3841-7055 ｜ 09:30～18:00 ｜ 600日幣以上 ｜ 人形燒主要使用蛋跟小麥粉製作，會過敏的人還是要多注意一下

銀座線

澀谷｜表參道｜銀座｜日本橋｜上野｜淺草

東京特寫
人力車體驗

穿上和服搭人力車遊淺草，是許多旅客來這裡必做活動，人力車的俥夫會載著客人，邊跟客人講解一些關於淺草觀光與歷史的介紹，也會停下來幫客人拍照，有些俥夫以英文、中文對應都沒有問題，讓遊客能夠更深度了解淺草。

人力車有分幾個套裝行程，兩人搭乘最便宜的只要4千日幣，搭乘時間為10分鐘。如果覺得時間太短，也有30分鐘、1小時以上的行程可以選擇。讓對當地最熟悉的人力車俥夫帶著我們遊淺草，肯定會成為難忘的回憶。

> 東京力車 ｜ tokyo-rickshaw.tokyo ｜ 〒111-0033東京都台東區淺草1-2-1 ｜ (03)5830-8845 ｜ 09:00～18:00 ｜ 4,000日幣以上 ｜ 淺草站1號出口正前方

淺草下町百年甜點老鋪
淺草梅園
6號出口 步行約4分鐘

　從1854年在淺草地區開業至今，已超過160年的歷史，是日式甜點超級老鋪。

　在梅園販售許多日式小甜點，如蕨餅、抹茶餡蜜、小倉白玉等，都是當店的超級人氣美食，其中以紅豆栗子麻糬是最多人點的甜點，彈牙的麻糬配上好吃的紅豆餡與栗子，甜甜的口味再配上一杯無糖茶，真的是再適合不過了。

　除了店內美食外，店外還有販售許多日式甜點，包裝精緻很適合作伴手禮。由於來梅園用餐多需要排隊才能入內，若是時間比較趕的人，也可以來買些銅鑼燒、蕨餅等外帶甜點回去吃。

1.梅園的店門口有販售包裝精美的甜點／2.超人氣的紅豆麻糬／3.內容豐富的餡蜜

http www.asakusa-umezono.co.jp｜〒111-0032東京都台東區淺草1-31-12｜050-5304-5899｜週一～五10:00～17:00(最後點餐16:30)、週末和國定假日10:00～18:00(最後點餐17:30)｜休 不定休

70年以上的地瓜老滋味
千葉屋
6號出口 步行約10分鐘

　開業有70年以上的淺草千葉屋，僅靠地瓜就吸引大批顧客。地瓜有兩種選擇，一個是切得很大塊的拔絲地瓜，另外一種則是切得薄薄的、吃起來像地瓜薯片。兩種都會沾店家特調的糖漿，並且撒上芝麻，香氣十足，好吃得不得了。

　時常開門前就會看到客人在門口等候，店家也常因為賣完就提前打烊，想買好吃的拔絲地瓜最好早一點來。

　這間店沒有內用座位，只能外帶，以秤重方式購買，銅板價就能吃到古老甜點！

1.小小的店門口卻時時都有顧客排隊光臨／2.香甜好吃的拔絲地瓜

〒111-0032東京都台東區淺草3-9-10｜(03)3872-2302｜週一～五10:00～18:00、週末10:00～17:00｜休 週二

東京特寫

和服、浴衣體驗

銀座線

1. 蕾絲和服大多會有復古風的頭飾／2. 一般的和服／3. 和一般和服在袖子上明顯不同的振袖和服

穿著當地的特色服裝，是許多人旅遊時想體驗的行程，而淺草就是租借和服的熱門地。不僅有古色古香的景色能夠拍攝，又有美麗的隅田公園能夠與晴空塔合影，是個非常適合體驗和服的好地方。

和服租借的費用依各店家的規定而不同，約5千〜1萬元日幣。服飾又有分夏季浴衣與和服，浴衣的材質比較薄也比較透氣，適合炎熱的夏季穿；而和服材質相對會比較厚，建議和服可以選擇在春秋冬的季節穿。

過去流行的傳統服飾多以花樣繽紛亮麗的和服、浴衣為主，近年來流行起大正浪漫風，結合了西式與日式風格，和服搭配蕾絲的帽子、內襯，變得特別華麗可愛！兩種不同風格的和服都能夠在淺草租借到。

最常租借的有分一般的和服，以及袖子較長、較華麗的振袖。在日本主要是給未婚女子穿，價格會比一般和服貴一些。推薦「淺草愛和服」這間店，和服選擇種類多，不管是要復古風還是華麗繽紛的和服、浴衣都有，不過要注意的是，有些和服的租借有限定月分，記得先上官網查看。

澀谷｜表參道｜銀座｜日本橋｜上野｜**淺草**

淺草愛和服3號店　reurl.cc/80ONAR　〒111-0033東京都台東區花川戶1-11-1　(03)6231-7232　09:00〜18:00　不定休　3,200日幣以上　淺草站5號出口步行2分鐘

浴衣 vs. 和服 大不同

	浴衣	和服
結構&設計	相對簡單，通常由一層輕薄材質製成	設計較為複雜，包括多層布料和傳統的配件，如腰帶(帶)、襪子(足袋)等
材質	多使用棉質或亞麻材質，透氣性好，適合夏季穿著	使用多種材質，包括絲綢、羊毛和合成纖維等，材質和紋樣的選擇通常與穿著的季節和場合有關
著裝方式	穿著較為簡單，適合初學者	穿著和著裝程序較為嚴謹，通常需要專業的技巧或他人的協助

半藏門線／Hanzomon Line

⓵③ 錦系町 Kinshicho

◀住吉 Sumiyoshi　　押上▶ Oshiage

錦系町跟其他站相比屬於比較住宅區的站，雖然不是超熱門逛街觀光景點，但卻是生活與交通機能非常方便的地區。錦系町站距離晴空塔並不遠，從車站出來就能看見晴空塔，有時間的話能慢慢散步欣賞街景走到晴空塔。

在錦系町這一站，除了有好幾間優質的商務飯店之外，購物商場內的店家也非常豐富，大家都很喜愛的百元商店、UNIQLO、ZARA、akachan本鋪等各大商店，都能在錦系町站找到，快來錦系町看看吧！

錦系町站周邊街道地圖

轉乘資訊

JR東日本

半藏門線

錦系町　押上

1.錦系町車站前的廣場／2.Sumida咖啡店很值得去一次／3.開店多年的龜戶餃子／4.錦系町附近也有錢湯(店名：黃金湯)可以去／5.漢堡王前的巷子很適合拍晴空塔／6.石花菜棟的口感清爽好吃／7.龜戶餃子假日去可能要排隊／8.錦系町好多地方巷子都能看到晴空塔

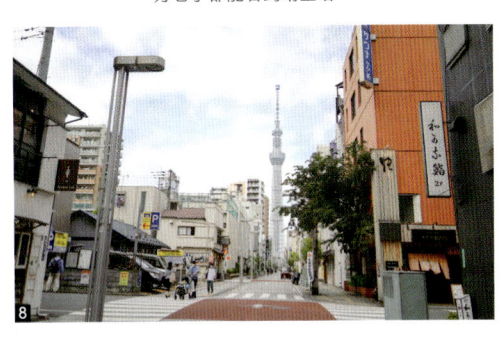

在地推薦

akachan本鋪

　是日本家庭很喜愛的嬰幼兒用品店，店內有不同年齡層的嬰幼兒服飾，品質好又便宜。嬰兒的副食品、用具都能買到。(見P.126)

遊客必訪

DAISO

　來到錦系町別忘記逛逛這間特別大間的大創百元商店，店內的商品非常齊全，還有許多以往都沒看過的特別商品。(見P.124)

作者最愛

Sumida咖啡

　咖啡廳使用傳統的江戶切子玻璃杯，每個杯子的圖案都不一樣。店內空間不大，卻讓人感到非常寧靜，來喝杯咖啡休息片刻。(見P.127)

123

拍攝晴空塔極佳的景點

漢堡王
錦系町北口店前

3號出口 步行約3分鐘

位在JR錦系町的北口附近有一間漢堡王，其店家旁的巷子往盡頭看去，就能看到超級筆直的道路上有毫無遮擋的晴空塔，很適合從這裡往晴空塔慢慢散步。

如果有看過周杰倫的〈說好不哭〉MV，可能會發現似曾相似的感覺。MV當中女主角要送男主角搭計程車時，拍攝的場景就在這條巷子內，有時間的話在這裡走走拍照很不錯。

www.burgerking.co.jp/#/store｜〒130-0013東京都墨田區錦系1-4-8｜(03)6684-5748｜07:00～23:00

超大間百元商品人氣店

DAISO

3號出口 步行約8分鐘

逛百元商店是來日本時必做的事情之一，在錦系町的這家大創百元商店非常大間，一整層樓都屬於大創，商品種類是我在東京看過最多的一間。從生活用品、園藝用品、廚具、兒童玩具、戶外用品、收納盒、衛浴用品等五花八門的商品都有。

其中在大創內還有一間子店面，是賣300元日幣商品的店鋪，這間店是大創旗下新品牌。商品風格在配色上更加符合流行趨勢、也較為精緻，兼具生活便利性與時尚感，近年來悄悄的在日本各地展店中。

1.商店非常大間應有盡有／2.一整層樓的大創／3.幾乎都只有100元日幣

reurl.cc/RWEMDr｜〒130-0013東京都墨田區錦系2-2-1(ARCA KIT7樓)｜(080)4123-9824｜10:00～21:00｜依官網資訊

1.頂樓露天平台可以看到晴空塔與錦系町的風景／2.頂樓露天廣場／3.ARCAKIT購物中心大門口／4.商品大多300元日幣，超過會有標價

錦系町必逛購物中心
ARCAKIT
3號出口 步行約8分鐘

ARCAKIT購物中心已經開業有20年，緊鄰JR與Metro錦系町站旁，裡面有各式各樣的店鋪。購物中心內除了有一些知名服飾，非常熱門的大創百元商店、3COINS的300日幣商店都進駐在這裡。此外，還有一間非常大的akachan本鋪，是許多新手爸媽熱愛的嬰幼兒服飾與用品店。

往上走幾層樓還有視野非常好的餐廳樓層，不管是想吃日式料理、中式料理、西式料理，來到10樓都可以找得到。部分的餐廳可以看到美麗的晴空塔，可以來這邊享受邊看美景邊吃飯的趣意。

屋頂廣場
在購物中心內逛了許久想要出去透透氣休息一下的話，別忘記去ARCAKIT頂樓的屋頂廣場走走，簡簡單單的露天空間卻是欣賞晴空塔的超級好去處。從屋頂廣場能夠看到非常巨大的晴空塔，周邊毫無任何遮蔽物，是晴空塔愛好者會喜歡去的地方。

由於周邊毫無遮蔽物的關係，建議大家冬天來的時候可以穿厚一點，避免寒風吹拂。屋頂上有一半的空間是商場內的照相店，是日本全家福拍照時常會去傳統照相店。

reurl.cc/80Lx8b｜〒130-0013東京都墨田區錦系2-2-1｜(03)3829-5656｜B1超市藥妝09:30～23:00、1～9樓10:00～21:00、10樓餐廳11:00～22:30｜依官網資訊

半藏門線

錦系町

押上

新手爸媽必去的嬰幼兒用品店
akachan 本舖
3號出口 步行約8分鐘

店內販售了各種嬰幼兒服飾、尿布、嬰幼兒用品、玩具之外，孕婦的相關內衣物、外出服也都能買得到。平價且樣式齊全，品質精緻，許多衣物產品都有放樣品可以供大家確認，是許多新手爸媽的最愛。

這家店有許多分店，錦系町的這家屬於東京內比較大的店鋪，一整層樓都是akachan本舖。店內的分區明顯好找，從懷孕月數到小孩的年齡都一一區分好，按照需求就能找到適合的商品。像是大家都熟悉的麵包超人系列玩具，這裡有一大櫃，家裡有喜歡麵包超人的孩童，非常適合來逛逛！

1.寶寶用品專賣店／2.0歲到幼兒的衣物都有／3.熱門的麵包超人玩具

www.akachan.jp ｜ 〒130-0013東京都墨田區錦糸2-2-1(ARCA KIT5樓) ｜ (03)3829-5381 ｜ 10:00〜21:00 ｜ 依官網資訊

開業10年以上的日式甜點名店
北齋茶房
3號出口 步行約9分鐘

曾在2020年被知名餐廳評價網站選為甜點百名店之一，在google上獲得4顆星以上的好評價。店內賣著各式各樣日式甜點，夏季時還會賣許多限定口味的刨冰。

其中黃豆粉蕨餅與餡蜜是店內超人氣美食，餡蜜的紅豆餡甜而不膩，配上透明的寒天，再淋上黑糖糖漿，非常美味。

蕨餅每日份量有限，賣完就沒有了。如果不習慣吃太甜，可以試試日式石花菜凍，酸鹹的清涼口感吃起來非常順口。除了甜品之外，釜飯與炸雞等簡單日式鹹食也有在賣，正餐時刻來也非常適合。

1.甜點的選擇頗為多元／2.店門口／3.店內裝潢走簡樸日式風格

reurl.cc/ReXjln ｜ 〒130-0014東京都墨田區龜沢4-8-5 ｜ (03)5610-5331 ｜ 11:00〜18:00(最後點餐17:30) ｜ 週二 ｜ 1,000〜2,000日幣

使用了江戶切子的老宅咖啡店
Sumida 咖啡
4號出口 步行約10分鐘

咖啡店的老闆過去老家就在墨田區，有著老闆的回憶。為了滿足過那份心中的回憶，店內最大特色是使用了江戶切子玻璃杯，日本職人們精心雕刻的清透杯子，配上店內的咖啡，真的是視覺跟味覺的享受，感受到老闆對這家店有多用心。

現場因為座位並不多，限制用餐時間為1小時。來到店裡推薦大家一定要點咖啡之外，起司蛋糕也是店內必點美食之一，扎實的口感，綿密濕潤，讓人一口接一口吃不停。

1.杯子是非常具有日本特色的江戶切子／2.店內有賣咖啡豆／3.老屋內的咖啡廳

http sumidacoffee.jp ｜ 〒130-0012東京都墨田區太平4-7-11 ｜ (03)5637-7783 ｜ 11:00～19:00 ｜ 週三及每月第二、第四個週二 ｜ 1,000～2,000日幣

半藏門線　錦系町　押上

錦系町在地B級美食
龜戶餃子
1號出口 步行約8分鐘

龜戶餃子錦系町分店除了賣餃子外，還有炒飯跟拉麵。餃子一份5顆只要330日幣，炒飯跟拉麵也只是1,000日幣有找，非常便宜的一家店。午餐時間去的時候時常要排隊，但翻桌率非常快，所以也不需要等太久。

來到這裡必點的料理就是餃子，日本的煎餃跟台灣的不太一樣，整體比較小顆。餃子內所使用的青菜與肉都是國產貨，咬下去可以感覺青菜非常清脆，非常適合配著啤酒邊喝邊吃，體驗一下日本人常做的吃法！

1.看得出來是營業多年的店鋪／2.餃子＋炒飯

http reurl.cc/lg461d ｜ 〒130-0022東京都墨田區江東橋3-9-1 ｜ (03)3634-9080 ｜ 週一～五11:30～20:30、週末10:30～19:00 (餃子賣完會提早結束) ｜ 1,000～2,000日幣

半藏門線／Hanzomon Line

14 押上（晴空塔前）
Oshiage (Sky Tree)

◀ 錦系町
Kinshicho

　押上站是東京晴空塔的所在地，從車站一出來就能看到非常龐大的晴空塔在眼前。

　晴空塔城是一個復合型商業設施，擁有百貨商場、超市、餐廳等多元化的商店，讓人可以逛一整天也不會感到乏味。除了購物，晴空塔城還設有水族館、天幕劇場等熱門設施，無論是大人還是小孩都能在這裡找到樂趣。

　這裡不僅有時尚的潮流品牌，還有各式各樣的美食和特色小店，讓您在購物的同時能夠享受美食之樂，完美融合休閒和娛樂。

押上站
周邊街道地圖

轉乘資訊

都營淺草線、京成電鐵、東武電鐵

1.晴空塔是個複合型商業設施／2.夜晚晴空塔會點燈，每天會變色／3.墨田水族館熱賣的可愛商品／4.晴空塔觀景台欣賞東京夜景／5.晴空塔的吉祥物／6.從高樓眺望東京景色非常美麗／7.晴空塔限定紀念商品／8.在這裡還有水族館／9.有名的麵包店PENNY LANE，進駐在這裡的商場內
(3,4,5,7圖片提供／Eric)

半藏門線

錦糸町　押上

在地推薦

墨田水族館

墨田水族館擁有日本最大的室內水槽，養殖了非常多的海洋與淡水生物，讓旅客們能夠看到更多不一樣的水底世界。(見P.132)

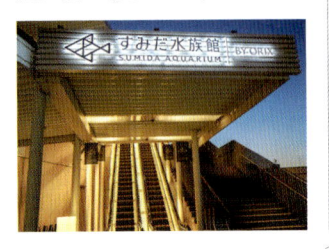

遊客必訪

晴空塔天望甲板

晴空塔內的室內環繞式展望台，445公尺高，能欣賞東京全貌，還有機會看到富士山，傍晚來一次看白天與夜晚的景色變化。(見P.131)

作者最愛

敘敘苑日式燒肉

晴空塔30樓的敘敘苑日式燒肉店有著無限美景，中午套餐比晚餐便宜許多。晚餐價位雖然偏高，但燒肉品質貴得有價值。(見P.133)

129

東京晴空塔

世界最高的電波塔 | 連絡通路直達

　　晴空塔是世界最高的自立式電波塔，目前也是世界第一，約有634公尺左右，以藍白色做基本色的外觀，看起來增添了點現代感。晴空塔城內有許多可以娛樂的設施，在晴空塔旁延伸出來的晴空街道是非常大的購物商場。在晴空塔內還有墨田水族館、球幕立體劇場、位在445公尺的360度環繞展望台，每一個地方都很受歡迎，認真走一遍所有設施，大概需要花一整天才夠逛完。

　　晴空塔的特色之一是夜晚的外觀燈光變化，每天會有不同的色彩，通常固定會出現水藍色的「粹」、紫色的「雅」和橘色的「幟」這3種，當有特殊節日的時候還會配合推出限定色，可能會是單一色，也有可能是漸層色，每晚看都會讓人有不一樣的氣氛。

　　若是逛街逛累後還可以來到晴空街道，這裡除了能購物之外，還有許多餐廳能選擇。在6樓跟地下室都有很多來自日本各地的熱門美食，如果只是想坐下來休息的話，館內也有好幾間咖啡廳，或是到露天廣場也有許多能坐下來的休息區。

130

半藏門線

錦系町 | 押上

1.晴空街道是大型購物商場／2.禮品店在展望台內有設店之外，5樓有更大間的商品店／3.在河川旁拍晴空塔也很美麗／4.有節慶時會掛上裝飾／5.可上30樓也能看免費夜景／6.展望台內可看到富士山／7.環繞式的展望台可以看到不一樣的東京風景／8.室內展望台不受四季影響皆能安心觀賞風景

天望回廊
天望甲板

晴空塔｜www.tokyo-solamachi.jp/tcn｜〒131-0045東京都墨田區押上1-1-2｜(03)6700-4833｜10:00〜21:00；6、7、30、31樓飲食店鋪11:00〜23:00｜晴空塔：無休、晴空街道：不定休

天望甲板、天望回廊｜reurl.cc/qr47MN｜(0570)55-0634｜展望台10:00〜21:00(天望甲板最晚入場20:00、天望回廊最晚入場20:20)，5樓出口樓層10:15〜21:00｜依照官網資訊｜當日票：套票(天望回廊450m＋天望甲板350m)3,500日幣、天望甲板2,400日幣；預售票：套票3,100日幣、天望甲板2,100日幣

天望甲板、天望回廊

　　晴空塔的展望台分為兩個部分，即「天望甲板」和「天望回廊」。首先，遊客會進入位於340〜350樓的天望甲板，接著透過斜坡式玻璃管狀的天望回廊一路攀升至445〜450樓。在這段令人興奮的攀升過程中，透過透明的玻璃，遊客可以欣賞到白天和夜晚東京市區不同時間的迷人景色。

　　沿著天望回廊攀升，透過高解析度的望遠鏡，遊客能更清晰地欣賞到遠處風景。如果天氣晴朗，沒有雲朵遮擋，遊客有機會眺望到遠處的富士山，呈現美不勝收的一幕。對於喜歡挑戰的遊客，展望空間內的玻璃地板是一個刺激的選擇，從高處俯瞰正下方景色。

　　若你對黃昏時刻的夜景有濃厚興趣，建議在日落前來，這樣您就能親身感受到東京在日夜變換間的迷人風采。

去背圖片提供／Eric

晴空塔內浪漫水族館
墨田水族館
B3出口 步行約10分鐘

晴空塔內的墨田水族館是浪漫約會的好去處，是個室內的都市化水族館，無論是下雨或是晴天都非常適合前來。擁有全日本最大的室內水槽，其中最受歡迎的企鵝與海狗的可愛模樣能夠近距離的欣賞。水族館內約有260種以上的生物，使用人工海水的方式養殖海洋生物，重現各種淡鹹水海域的生態讓大家可以觀賞。

此外還有兩大看點是水盤型水槽，在這裡養殖了大量水母，多達500隻左右，現場觀看非常壯觀也非常夢幻。錦花園鰻也是現場的明星海洋生物之一，在土裡隨著海水飄逸的身姿太可愛，不自覺會讓人盯著看很久，喜歡水族館的話一定要來這裡走走。

1. 有許多可愛的企鵝
2. 超大的美麗水族箱
3. 花園鰻

reurl.cc/v04lgA｜〒131-0045東京都墨田區押上1-1-2(ソラマチ5〜6樓)｜(03)5619-1821｜平日10:00〜20:00，週末、國定假日09:00〜21:00 (最後入場時間為閉館前1小時)｜成人2,500日幣，高中生1,800日幣，國中、小學1,200日幣，兒童(3歲以上)800日幣

超好吃牛舌定食
牛舌炭燒 利久
B3出口 步行約7分鐘

利久是仙台很有名的牛舌店，在東京有好幾間分店。菜單有分單點和套餐，選擇種類非常多。也有其他肉品的套餐，不敢吃牛舌的話也能吃看看其他種料理。

利久的牛舌口感彈牙鮮嫩，多汁好咬。牛舌套餐有分厚度與片數，越厚或是越多片，價格也會越貴，店內餐點價格大約2,000日幣起跳。每一份套餐除了有牛舌之外，還會有牛肉蔥湯與醃製菜，讓大家可以變化口味。

1. 牛舌套餐

reurl.cc/xL4y61｜〒131-0045東京都墨田區押上1-1-2(ソラマチ6樓)｜(03)5610-2855｜平日11:00〜23:00、假日10:30〜23:00(最後點餐22:30)

享受晴空塔高層美味燒肉
敘敘苑
B3出口 步行約8分鐘

敘敘苑是日本非常有名的日式燒肉店，這間位在晴空塔30樓，來到這裡除了有美食能享用還能邊欣賞窗外無限美景。來到敘敘苑用餐不用擔心不知道如何點，店家非常貼心有準備外文菜單，還有附上圖片簡單明瞭。前往30樓的路線很簡單，在1樓設有專用電梯能直達30樓敘敘苑門口。

敘敘苑的燒肉單價偏高，可以選擇單點或是套餐，平均人大約需要1萬日幣左右。如果想要便宜一點的話可以選擇午餐時間，價格跟晚餐比起來相差約3倍左右，相對起來比較平價。

敘敘苑午晚餐的分量都非常足夠，晚餐價位比較高，肉品會比午餐多很多，吃完真的會滿飽。

1,2.中午套餐豐盛又便宜／3.敘敘苑門口

reurl.cc/NQ9Ro5｜〒131-0045東京都墨田區押上1-1-2(ソラマチ30樓)｜(03)5610-2728｜10:30～23:00(最後點餐21:30)；午餐：平日10:30～16:00(最後點餐)、假日10:30～15:00(最後點餐)

半藏門線

錦系町

押上

以披頭四為主題的麵包店
PENNY LANE
B3出口 步行約6分鐘

PENNY LANE是在櫪木縣那須地區非常有名的一間麵包店，那須店必須開車才到得了，目前東京有展店，讓想吃好吃麵包的顧客不用跑到那須也能買到。PENNY LANE的麵包品項相當多，店內持續出爐現烤麵包，香氣十足。賣最好的麵包是藍莓口味的吐司與天津甘栗麵包卷，推薦可以買來吃看看。

PENNY LANE還有一大特色，那須本店以有名的樂團披頭四為主題，店內到處都能看到披頭四的相關的東西，也因此讓店的名聲大噪。晴空塔內的店鋪裝潢也很華麗，感覺像是小小的歐風城堡。

1.那須的熱門麵包店在晴空塔也開店了／2.店內最有人氣的麵包

pennylane.company｜〒131-0045東京都墨田區押上1-1-2(1樓)｜(03)5608-1960｜09:00～21:00

133

日比谷線／Hibiya Line

01 中目黑
Nakameguro

惠比壽 ▶
Ebusu

中目黑這附近有大名鼎鼎的目黑川，每到櫻花季節，這裡就會成為賞櫻的熱門景點。而在櫻花季節以外的日子，目黑川區域相對安靜，街道清幽宜人。

沿著目黑川的周邊街區，遍布各種獨具特色的小店鋪，如果對於小雜貨、手作工藝品或是咖啡廳有興趣的話，非常推薦來目黑川一遊。這裡有許多文青風格的店鋪，無論是提供獨特的商品或是美味的咖啡，都能讓你在寧靜的環境中品味生活，喜愛悠閒感的你一定要來這裡走走。

轉乘資訊
JR東日本、東急電鐵

中目黑站
周邊街道地圖

1.櫻花季的夜晚非常美麗／2.櫻花季時人潮眾多／3.現場有許多好吃的巧克力美食／4.有許多特色小店／5.好吃的布丁／6.星巴克是這裡必去景點之一／7.想買印度香料茶可以來CHIYA-BA／8.在星巴克內可以買到好吃麵包／9.夜晚也有一些店鋪會營業

日比谷線

中目黑｜六本木｜築地｜人形町｜秋葉原

在地推薦
TRAVELER'S FACTORY

一間以旅行為主題的特色文具店，地下1層、地上2層的木造建築，販賣各式手帳、貼紙、文具商品，文具控一定要來逛逛。（見P.136）

遊客必訪
左門 雞高湯黑輪

以雞湯為湯底的關東煮，搭配不同食材會變出不一樣味道的好喝湯頭。菜單有非常多選擇，絕對是喜歡關東煮的天堂。（見P.139）

作者最愛
星巴克

日本第一間星巴克臻選咖啡烘焙工坊，店內4層樓，1樓以咖啡為主，2樓以上有茶品及少見的酒類，戶外座位可眺望目黑川。（見P.138）

135

超熱門賞櫻河畔
目黑川

正面出口 步行約10分鐘

中目黑車站出來往蔦屋書店的方向走，就能走到的目黑川，兩旁許多有特色的小店鋪，餐廳、咖啡廳、酒吧、服飾店、美妝商品等都聚集在這附近。

目黑川的全長約有8公里，其中在車站這附近延伸約1公里的地方種滿滿的櫻花樹，每到3、4月河畔兩側的櫻花會盛開很是漂亮。櫻花季節來的話非常熱鬧，許多店家都會在店門外擺攤，賣些可邊走邊吃的小點心或飲料。櫻花季以外的時間人則不會那麼多，屬於比較安靜、讓人放鬆的好地方，非常適合花個半天來走走，找個咖啡店邊享受屬於自己的下午時光。

1.中目黑川／2.櫻花盛開前的景色

文具控不可錯過的特色文具店
TRAVELER'S FACTORY

南出口 步行約3分鐘

你是文具控嗎？在中目黑的小巷弄裡有一間以旅行風格為主的特色文具店，地上2層、地下1層樓的木造倉庫內藏著各式各樣的文具、筆記本、書籤、貼紙。如果你對皮革類型的筆記本很感興趣，那一定要前往地下1樓尋寶，在這裡有賣許多款不同造型的復古皮革封面，內頁則是分開販賣，可以搭配出一本屬於自己喜愛的旅人筆記本。

各種跟旅行有關的小商品都有機會在這裡找到。店內還有販賣一些旅行雜貨，喜歡文具的話絕對會在裡面逛很久都出不來。

1.各類跟旅行有關的文具／2.許多特色小雜貨／3.店門口

[http] reurl.cc/j3ooWn｜〒153-0051東京都目黑區上目黑3-13-10｜(03)6412 7830｜12:00〜20:00｜[休] 週二

各種特色可愛雜貨人氣店
MIGRATORY

南出口 步行約6分鐘

中目黑是個充滿文藝氣息的地區，MIGRATORY選物雜貨店就位在熱鬧的中目黑商店街內，從2010年開業至今，這家店的理念秉持著希望能「增添日常生活的色彩」，挑選了許多來自日本海內外的衣物類、繪本、傳統手作工藝品、飾品、廚房雜貨、居家生活用品等的商品陳列在店內。

店內讓人印象最深刻的是餐具，多非常可愛很有特色，店內不定期舉辦特賣會，或許剛好可以在這挖到寶也說不定，喜歡雜貨的話很推薦可以來看看。

1.特色碗盤／2.可愛的小花瓶／3.店門口

www.migratory.jp ｜〒153-0051東京都目黑區中目黑2-44-10｜(03)6303-3272｜12:00～19:00｜休週二

滑順濃郁巧克力專賣店
Green bean to bar CHOCOLATE

正面出口 步行約9分鐘

這間巧克力專賣店非常的特別，從可可豆的挑選、研磨到製作成巧克力商品，全都是由職人一手做成，如此用心的商品曾多次獲得巧克力比賽大獎，為了能完整展現巧克力的製作流程給顧客觀賞，所有的巧克力都是在店內製作，使用各種不同的可可豆，製作出許多款不同甜度的巧克力。

巧克力的價位不會太貴，小小一個包裝非常適合自用或是送禮，除了在製作巧克力上讓人感到非常用心之外，外包裝是挑選了日本傳統「和紙」，讓商品看起來更高級、更有記憶點。

1.人氣巧克力店／2.適合送禮的巧克力／3.巧克力醬也很受歡迎

greenchocolate.jp ｜〒153-0051東京都目黑區青葉台2-16-11｜(03)5728-6420｜10:00～20:00

日比谷線　中目黑　六本木　築地　人形町　秋葉原

日本規模最大星巴克
星巴克

正面出口
步行約13分鐘

這間星巴克是日本規模最大間的星巴克店鋪，更加奢華高級，是全球少見的星巴克臻選咖啡烘焙工坊。在這間店能夠近距離看到咖啡職人在現場烘焙咖啡豆，巨型的烘焙機成為店內的一大特色，每當咖啡豆在烘焙時就能聞到香氣四溢。

以咖啡色、古銅色系為主的建築物整體的設計，由超人氣建築大師隈研吾所規劃打造，店內總共有4層樓，一走進去就能看到整體建築挑高的設計，空間讓人感到很舒服。1樓主要賣與咖啡相關產品，2樓則是茶品、3樓是酒類，在星巴克裡能喝到酒真的很特別，琳瑯滿目的飲品都好吸引人。

1.以咖啡色、古銅色系為主的店內環境／2.現煮咖啡／3.店門口的設計就很別於一般的星巴克

reurl.cc/qr66An｜〒153-0042東京都目黑區青葉台2-19-23｜(03)6417-0202｜07:00～22:00(最後點餐21:30)｜不定休

滑順綿密的手作布丁
Happy Pudding

正面出口
步行約6分鐘

中目黑川的巷弄裡隱藏了一間小小的手作布丁店，綿密滑順且香濃的口感深受旅客們的喜愛。最早這個布丁其實是一間「Mahakala」串燒居酒屋的甜點，因為太好吃了，許多客人希望隨時吃得到，因此店家就為了布丁拓展一間店。店裡的布丁是使用了神戶的古加川市的新鮮蛋糕，每日從產地運送過來。

店內販賣的布丁有好幾種口味，其中最熱門的是定番款，原味的雞蛋布丁和使用大量蛋白的白布丁。除此之外Happy Pudding店會隨著季節變化，做出限定口味的布丁，每次來都有機會吃到不一樣的口味。

1.超人氣布丁，有多種口味可供選擇／2.店內非常小一間

www.happypudding.com｜〒153-0042東京都目黑區青葉台1-17-5｜(03)6427-8706｜11:00～18:00

高湯香濃的美味關東煮
左門 雞高湯黑輪
南出口 步行約2分鐘

好吃的關東煮真的吃一次就會讓人忘不了！這間中目黑高架橋下的「左門 雞高湯黑輪」，跟一般的關東煮店很不一樣，使用雞湯當作湯底，每個食材經過熬煮吸收滿滿的好喝雞湯，食材本身的鮮味也都進入到高湯內。

其中必點的食物之一是蘿蔔，第一次吃的時候有被蘿蔔的大小嚇到，非常巨大一個。其他像是雞蛋、雞肉串也很推薦。這家店最特別的是不同的食材是會稍微做點搭配分批送出，因此，每一碗高湯喝起來都很不一樣。

〒153-0051東京都目黑區上目黑3-5-31(中目黑高架下)｜(050)5596-4797｜週日〜四16:00〜02:00(最後點餐01:00、飲料01:30)；週五、六16:00〜03:00(最後點餐02:00、飲料02:30)｜2,000〜2,999日幣

1.店門口／2.推薦一定要點蘿蔔與豆腐／3.關東煮選擇眾多

日比谷線

中目黑　六本木　築地　人形町　秋葉原

印度香料茶咖啡廳
CHIYA-BA
正面出口 步行約5分鐘

1.喝起來味道很特別的奶茶／2.店內氣氛沉穩

在中目黑要是逛累了想要找間咖啡廳坐下來休息的話，可以來這間印度香料茶咖啡廳。店面走沉穩的深色氣氛，一進店內就能聞到店內點著香氛，味道讓人感到平靜。

這間CHIYA-BA最特別的地方是店內賣的茶，以印度香料茶為主，喝起來跟一般奶茶的味道很不一樣。其中還滿喜歡玄米印度拉茶，喝起來帶有玄米茶香，又有印度拉茶的特別香氣。

店內還有紅茶等茶類及小點心，很適合邊配茶飲邊享用。假日來的話很有機會需要排隊，平日人會相對少很多。

reurl.cc/Qexgp0｜〒153-0051東京都目黑區上目黑2-45-12｜(03)6388-5249｜週二〜五09:00〜19:00(最後點餐18:30)、週末10:00〜19:00(最後點餐18:30)｜週一

139

日比谷線／Hibiya Line

04 六本木 Roppongi

◀ 廣尾 Hiro-o　　神谷町 Kamiyacho ▶

　　六本木是東京地區聚集藝術、購物、夜生活的熱門地區，在各個季節能欣賞到櫻花、紅葉、聖誕點燈裝飾，深受許多人喜愛，也是日本人的約會聖地。

　　在六本木新城周邊，除了有多家藝術館外，六本木新城內還擁有非常浪漫的展望台，能夠俯瞰東京高樓林立的美景。到了晚上，還能觀賞美麗的東京鐵塔點燈。

　　如果在附近逛累了，這裡還有各式各樣的美食、咖啡廳和甜點店，滿足你的味蕾，讓你盡情品味東京的多樣風情。

六本木站周邊街道地圖

轉乘資訊

都營大江戶線

1.六本木的聖誕節非常美麗／2.美術館的設計很有流線感／3.Tokyo Midtown 21_21 Design Sight美術館／4.假日有許多人會到六本木逛街／5.Tokyo Midtown地下1樓虎屋的最中／6.大蜘蛛是這裡有名的裝置藝術／7.森美術館限定紀念商品／8.在朝日電視台內的蠟筆小新雕像／9.悠閒愜意的日式庭園很適合散步 (3,5,7圖片提供／Eric)

日比谷線

中目黑｜六本木｜築地｜人形町｜秋葉原

在地推薦
六本木新城展望台

六本木新城是複合式的商業設施，結合美術館、電影院等設施，同時也是購物中心，頂樓還有展望台，值得一逛。(見P.142)

遊客必訪
TsuruTonTan烏龍麵

創意烏龍麵料理連鎖店，日式西式的結合讓烏龍麵有更多元的變化。口感非常有嚼勁，愛吃烏龍麵的人一定要來試試！(見P.145)

作者最愛
國立新美術館

這間是日本第五間國立美術館，在日本非常具有代表性。曲面流線狀的玻璃外牆搭配室內挑高設計，讓人印象深刻。(見P.144)

1.眺望超漂亮的東京風景／2.室內展望台／3.展望台入口處／
4.露天展望台的風非常強，要記得保暖

看東京夜景的最佳展望台

1c出口
步行約3分鐘

六本木新城展望台

位在六本木新城的52樓展望台，在東京是非常有人氣的賞景展望台，能夠眺望整個東京美麗高樓景色之外，還能看到最具有東京代表性的地標「東京鐵塔」，並且這裡還曾出現在新海誠導演的《天氣之子》電影畫面裡。六本木新城展望台有分室內與室外兩區，室內的營業時間比較晚可以待到晚上10點，室外展望台僅開到晚上8點。

六本木新城展望台就位在東京的市區最熱鬧的地區，除了能看到東京鐵塔之外，新宿高樓大廈、皇居等各地的地標都能盡收眼底。室外展望台更能360度全方位的觀賞高空景色，有時候風會比較大，最好多穿一點或是帶件外套上來會比較安心。

若覺得室外展外台太冷了的話，可以前往室內展望台，這邊雖然有玻璃，但依然能看到漂亮風景。此外要注意一點就是在室外展望台區是不可以用腳架，記得要收起來。

reurl.cc/E4eDQ0｜〒106-6108東京都港區六本木6-10-1｜(03)6406-6652｜52樓室內展望台10:00～22:00(最終入館21:30)｜**當日購票**：平日：一般2,000日幣、學生1,400日幣、孩童800日幣、年長者1,700日幣；假日：一般2,200日幣、學生1,500日幣、孩童900日幣、年長者1,900日幣。**網路購票**：平日：一般1,800日幣、學生1,300日幣、孩童700日幣、年長者1,500日幣；假日：一般2,000日幣、學生1,400日幣、孩童800日幣、年長者1,700日幣｜室外展望台區規定不可使用腳架拍照

聖誕節點燈必拍景點
欅木坂

1b號出口 步行約8分鐘

位在六本木hills這棟大樓旁的欅木坂是六本木地區非常有名的聖誕點燈場所之一，欅木坂剛好有點坡度，從這裡沿著坡道往前看，能看到美麗的東京鐵塔就在遠方。每到接近聖誕節的時期，欅木坂兩旁的路樹就會點上美麗的燈飾，搭配上東京鐵塔，真的非常漂亮，冬季會看到許多情侶都來這裡約會。如果拍完道路上的點燈風景之後還有時間，可以到上面的天橋看看，從天橋上看到的風景又會是個不一樣的感覺，美麗的不得了。

[http] reurl.cc/2zV3ym

人氣動漫與節目周邊必去景點
朝日電視台

1c號出口 步行約5分鐘

喜歡多拉A夢、蠟筆小新等著名的動畫嗎？那絕對不能錯過位在六本木的朝日電視台！

朝日電視台的1樓開放參觀，在這裡放了許多多拉A夢等熱門動畫的布景看板與一些歷代的相關物品，像是非常受歡迎的時光機擺設，都可以讓民眾自由拍照。此外，當季熱門的海報也會展示在1樓大廳。

如果對朝日電視台出的動漫、綜藝節目或是日劇的周邊商品有興趣，1樓也有一間很大間的朝日電視台商店，可以去逛逛看，或許能找到你喜歡的商品！

1.電視台大門口／2.大廳有擺一些卡通人物／3.有名的卡通人物蠟筆小新

[http] www.tv-asahi.co.jp ｜ 〒106-8001 東京都港區六本木6-9-1 ｜ (03)6406-1111 ｜ 08:00～18:00

日比谷線

中目黑　六本木　築地　人形町　秋葉原

國立新美術館

超美波浪狀玻璃設計外觀

4a出口 步行約5分鐘

1.美術館內／2.不定期會有知名展覽／3.很有設計感的美術館／4.流線設計非常特別

　距離六本木車站僅5分鐘路程的國立新美術館，是日本第五間國立美術館。當時，為了提升美術展覽的空間品質，來自日本各地的美術團體集結意見，與日本政府等多方人員通力合作，共同啟動了這座美麗的藝術殿堂。美術館內展出的藝術品涵蓋了極為廣泛的類型，其中以公開徵件展覽為最主要，同時也會展出世界各地熱門程度的藝術品。

　美術館四周環繞著翠綠樹木，營造出一種極具舒適感的氛圍。這座美術館由日本著名建築師「黑川紀章」先生設計，一進入館內，就能感受到寬敞挑高的3層樓空間，大片的波浪狀落地玻璃外牆讓陽光柔和地灑進室內。此外，館內還擁有兩座巨大的倒圓錐體，為參觀者留下深刻印象。

　國立新美術館與一般美術館不同之處在於，它並未擁有自家的常設收藏品，所有空間都開放給各大藝術家提出展覽申請，為大家提供更多展示的機會。

　除了是美術館，國立新美術館還擁有圖書室、餐廳和咖啡廳。餐廳價位從平價到高價不等，位於3樓的米其林餐廳「Paul Bocuse」提供最正統的法式料理，有機會可以來體驗一下奢華料理與藝術氛圍的結合。

| http | www.nact.jp | 〒106-80　01東京都港區六本木7-22-2 | (050)5541-8600 | 週一、三、四、日10:00～18:00（最後入場為閉館前30分鐘），週五、六10:00～20:00 | 入館不需門票；看展覽需購票，票價隨展覽內容變動 |

新型創意烏龍麵時尚店
TsuruTonTan 烏龍麵

1a出口 步行約5分鐘

從這間連鎖餐廳從店鋪的裝潢，就能感受不同於其他烏龍麵店的時尚氣息。店裡分為兩區，一部分是座椅區，還有一區是偏日式地板區，店內也有小間的個室，有需要的話建議先上官網預訂座位。

烏龍麵結合了洋式風味，以創意烏龍麵為主的菜單有超多選擇，奶油、海鮮等各種口味都非常多元化，餐點最大的特色是每個碗都非常大。烏龍麵吃起來非常有嚼勁，吃不夠的話還可以加麵。不知道要選哪個口味好的話，奶油類是非常受歡迎的口味之一。

1.烏龍麵套餐 ／2.不同口味的烏龍麵有分粗細 ／3.創意烏龍麵

〒106-0032東京都港區六本木7-8-6(アクソール六本木7樓) ｜ (03)5786-2626 ｜ 週一～六、國定假日前一日：11:00～翌08:00(最後點餐07:00)，週日、國定假日：11:00～23:00(最後點餐22:00) ｜ 1,000～3,000日幣

日比谷線 ｜ 中目黑 ｜ 六本木 ｜ 築地 ｜ 人形町 ｜ 秋葉原

米其林等級的銷魂蛋糕
Toshi Yoroizuka 甜點店

8號出口 步行約7分鐘

鎧塚俊彥(Toshi Yoroizuka)這位甜點大師在日本相當有名，花了多年的時間在海外學習製作甜點，並成為米其林三星級店的廚師，後來回到日本開了這間位於六本木的甜點店。

這間店鋪以暗色系的裝潢帶出奢華時尚風格，店內有一排吧台區，能夠坐在位子上看著甜點師在眼前為我們製作甜點，讓視覺與味覺都能一同享受。店內菜單每隔一段時間就會更換，甜點為均一價位。此外，也有販售可以外帶的蛋糕、巧克力和布丁等美味甜點。

1.吧檯座位區 ／2.巧克力蛋糕 ／3.熔岩蛋糕

reurl.cc/OGnDZ7 ｜ 〒107-0052東京都港區赤坂9-7-2 ｜ (03)5413-3650 ｜ 11:00～21:00

145

日比谷線／Hibiya Line

⑪ 築地 Tsukiji

◀ 東銀座 Higashi-ginza　　八丁堀 Hatchobori ▶

　　築地市場昔日是東京最著名的海鮮市場之一，被分為場內與場外市場。場外市場供應各種新鮮海鮮美食，包括生魚片丼飯和新鮮牡蠣等，同時也提供乾燥海藻、小魚加工食品等特色商品。

　　附近的波除稻荷神社更是一處獨特之地，神社內可見巨大的石獅子頭像。若你喜歡欣賞河畔風光，可朝著隅田川方向漫步，享受優美的河畔景色。

　　築地市場休息日有公定，建議上網查看，以免錯過市場獨特的魅力。築地市場不僅滿足味蕾，更為遊客帶來多元的文化和風情。

築地站周邊街道地圖

轉乘資訊
有樂町線(新富町站)

日比谷線

中目黑　六本木　築地　人形町　秋葉原

1.築地市場有許多海鮮食堂／2.築地本願寺在夏季時會舉辦納涼盂蘭盆舞祭典／3.好吃的海膽鮭魚卵飯／4.築地魚河岸市場／5.築地市場必吃鮪魚燒／6.築地市場內／7.時常要大排隊的人氣飯糰／8.築地市場外這間螃蟹祭可以螃蟹吃到飽／9.玉子燒也是這裡的名產 (4,5圖片提供／Eric)

在地推薦

波除稻荷神社

　　緊鄰在築地市場旁的波除稻荷神社，守護築地市場已有300年以上的歷史，主要是祈求航海安全、商業繁榮、除厄運。(見P.149)

遊客必訪

築地場外市場

　　東京最熱門的新鮮魚貨與海鮮乾貨聚集地，巷弄內有無數間店鋪賣著好吃的海鮮美食，是來東京旅遊時必去的美食景點。(見P.150)

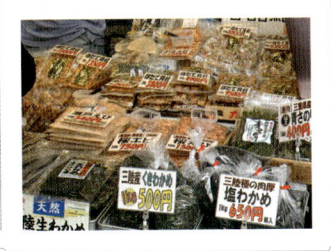

作者最愛

丸武玉子燒

　　開業超過80年，店家僅賣玉子燒就吸引了大批食客，祕傳的高湯搭配每日新鮮雞蛋，吃一口就能感受到鮮嫩多汁超級好吃。(見P.151)

147

1.築地本願寺／2.開車來的話可以停車／3.夏季的納涼盂蘭盆祭典，非常熱鬧／4.夜晚的築地本願寺

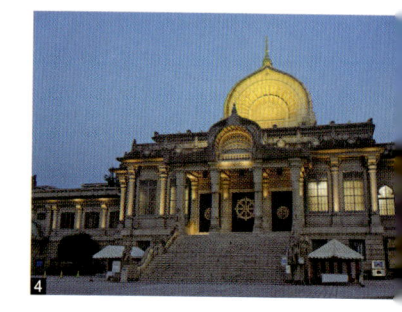

歷史悠久的佛教寺廟
築地本願寺

1號出口 步行約1分鐘

築地本願寺是在東京非常有名的佛教寺廟，最早在1617年左右是建造在靠近現今淺草附近，爾後經歷了大火燒毀事件，才搬移到現在築地的位置重建。在1923年關東大地震再次經歷燒毀，1934年再次重建。現在我們看到的是1934年所建造的築地本願寺，也有將近百年的歷史。

這間寺廟的外觀是仿造印度和亞洲佛教寺廟的精髓設計而成，跟在日本其他地區看到的寺廟非常不一樣。有時間可以觀察看看，或許能找到中華文化的四大吉祥物：朱雀、青龍、白虎、玄武！

築地本願寺供奉的是阿彌陀如來，一走進寺廟就能看到殿內莊嚴且華麗的裝潢，典雅的設計和宗教氣氛，會自然地讓心靈整個平靜下來。寺廟內每個月都會舉辦許多活動，有些時候可能會無法進入殿內。在築地本願寺旁有販賣佛具、線香相關的商品店，對這類物品有興趣的人可以來逛逛！

此外，在築地本願寺內有一間很有名的咖啡店Tsumugi，這間咖啡廳的18品料理的早餐非常受歡迎，營業時間非常長，且晚上時段還有販賣酒類，要是你來東京旅遊是住在築地市場這附近的話，晚上可以晃過來，品嚐美味的甜點與酒。

reurl.cc/E4eW8n ｜〒104-8435東京都中央區築地3-15-1 ｜ (0120)792-048 ｜ 本堂參拜06:00～16:00、境內開放06:00～21:00

守護築地數百年的老神社
波除稻荷神社

1號出口 步行約7分鐘

　神社位在築地市場走到底的地方，距離市場非常的近。這間神社從江戶時代開始在除厄運、祈求航海安全、生業繁榮方面，非常受人信仰。

　這間神社會建立在此，得追溯到360多年前，當時要填海造陸卻一直無法成功，多次遭到海浪破壞，有次在海上發現了一盞亮光，出現了稻荷神像，人民便決定開始祭拜，一直到順利建設完成。

　走進神社就能看到非常大尊的黑獅子頭，在左側也有一隻紅色獅子頭，很大很有威嚴感，這兩隻稱為騰雲龍、駕風虎。想要改掉厄運、乘風破浪度過難關的話，推薦來這間神社走走。

1.神社門口／2.能夠帶來福氣、財運的七福神／3.獅子頭是這裡特別有的擺設

www.namiyoke.or.jp｜〒104-0045東京都中央區築地6-20-37｜(03) 3541-8451｜09:00～17:00

日比谷線　中目黑　六本木　築地　人形町　秋葉原

隅田川悠閒散步好地方
隅田川 Terrace

1號出口 步行約8分鐘

　築地車站距離隅田川非常近，來到這裡能看到廣大的河川就在眼前，沿著隅田川兩岸有非常長的步道，很多可以坐下來休息的位子，許多日本居民會喜歡來這邊慢跑或是坐著休息。黃昏時的夕陽會很漂亮，河川被照得閃閃發光。

　從河川這邊一路延伸能到淺草、月島等地方，月島非常近很快就到達，前往淺草會需要比較久的時間，時間允許的話可以慢慢散步。逛完肚子餓的話可以去月島吃文字燒，或回到築地附近找餐廳吃飯。

1.適合散步的好地方／2.隅田川沿岸視野寬闊非常舒服

www.tokyo-park.or.jp/water/terrace/index.html｜〒104-0044東京都中央區明石町

149

新鮮海鮮美食聚集地
築地場外市場

1號出口 步行約2分鐘

築地市場過去曾經是東京最大的漁獲買賣市場，分為場內與場外兩部分，每日出海打撈的魚都會運來這裡做交易，各個魚料理的職人們都會來這裡尋找自己需要的食材，批貨回去店內使用。

而築地場外市場則是會販賣各式各樣的生魚片、海鮮乾貨等商品。除此之外，蔬果、玉子燒、麵類、丼飯等生鮮美食都能在這裡享用到，每條小巷內都擠滿人潮，相當熱鬧。

現在場內市場的部分已移往豐洲市場，剩下場外市場還留在原地，每日依然有非常多人造訪，好吃的美食也都在此地等候旅客的光臨。

1.築地市場／2.現場有賣許多新鮮海鮮／3.清晨的築地市場

www.tsukiji.or.jp｜〒104-0045 東京都中央區築地6丁目｜06:00〜09:00業務採購、09:00〜14:00一般販賣

老字號飯糰專賣店
飯糰屋 丸豐

1號出口 步行約4分鐘

丸豐每日凌晨5點就開始營業，販賣著非常多種不一樣口味的飯糰，飯糰都是老闆親手做出來，很有日式家庭早餐的味道。這裡的飯糰特色是很大一個，料很多卻很便宜。如果看到有掛牌子，架上卻是空的，可以跟老闆反應你的需求，立刻獲得現做的飯糰！除了飯糰之外，還有賣豆皮壽司、壽司卷，每一個都是當天現做，相當新鮮。

飯糰屋築地丸豐最有名的是蝦子飯糰，一整個蝦子包在飯糰內，大到尾巴都塞不進去，店家還有在賣味噌湯，搭配飯糰最剛好。

1.店家每天都會親手捏飯糰／2.飯糰長得非常樸素，但裡面是真材實料

reurl.cc/YVpQlO｜〒104-0045 東京都中央區築地4-9-9｜(03)3541-6010｜03:00〜15:00｜週日、國定假日、市場休息日

只賣玉子燒的人氣店
丸武玉子燒

1號出口 步行約6分鐘

營業至今已超過80年,每次去都是大排長龍的美食店鋪。店家使用了每日現採的新鮮雞蛋,搭配自家的祕密高湯,不加入任何調味料,堅持從過去維持到現在的手法製作出美味的玉子燒。

咬一口玉子燒,多汁又嫩的口感真的非常不一樣。排隊時可以欣賞職人們煎蛋時的模樣,據說每個鍋子重達1公斤,火侯還得控制得恰恰好。玉子燒在築地市場可以買到現做好的就能直接吃,單純的玉子燒覺得還不過癮的話,可選擇有加蝦子或是海苔等口味的商品。

1.超有名玉子燒／2.現做熱騰騰的玉子燒／3.玉子燒軟嫩香氣十足,來築地絕對要吃一次

www.tsukiji-marutake.com｜〒104-0045東京都中央區築地4-10-10｜(03)3542-1919｜週一～六04:00～14:30,週日08:30～14:00｜國定假日、市場休息日｜玉子燒150日幣

築地人氣海膽丼飯餐廳
鮨國

1號出口 步行約7分鐘

鮨國是築地市場內非常有人氣的海鮮丼飯餐廳,營業前就會有人在門口排隊等候。店內販賣的餐點非常多,其中以海膽丼飯最有人氣,滿滿的新鮮海膽撲在飯上,真的好吃得不得了。如果覺得海膽會太多太膩的話,可以選擇一半海膽跟一半鮭魚卵,不同口感的兩種海鮮搭配起來真的是人間美味!

店內的魚肉、海膽、鮭魚卵都數量有限,食材賣完了店家就會提早關門,建議大家想要吃看看的話,一定要早上就來。

1.店內座位不多,營業時間幾乎是高朋滿座／2.海鮮丼／3.海膽與鮭魚卵丼飯,還配有新鮮生魚片

reurl.cc/qr6oyN｜〒104-0045東京都中央區築地4-14-15｜(03)3545-8234｜週一、二、四～六10:00～14:30、17:00～20:30,週日、國定假日10:00～15:00｜週三、週日晚間｜海鮮丼飯3,300日幣、海膽丼飯6,500日幣

日比谷線｜中目黑｜六本木｜築地｜人形町｜秋葉原

151

日比谷線／Hibiya Line

14 人形町
Ningyocho

◀ 茅場町　　　　小傳馬町 ▶
Kayabacho　　　Kodemmacho

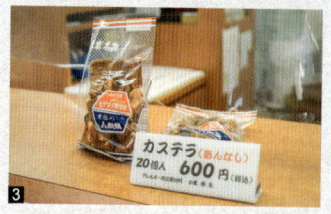

人形町之名源於其昔日歌舞伎小屋的繁榮，更因成為日本傳統「淨瑠璃」等人形戲劇表演的舞台而聞名。在昭和時代，這片地區正式被冠以人形町之名，這裡匯聚眾多擁有悠久歷史的店鋪，提供傳統技藝商品和美食等，是一個令人懷念且依然繁榮的商業中心。

漫步於人形町，彷彿穿越了時光隧道，周邊的環境讓人感受著濃厚的懷舊風情，每個角落都散發著悠然的生活氛圍。這裡依然保留著昔日的風采，吸引著遊客和本地居民，成為一個充滿歷史與文化底蘊的熱鬧聚集地。

人形町站
周邊街道地圖

轉乘資訊

都營淺草線

152

日比谷線

1.總是大排長龍的人形燒板倉屋／2.人形町商店街的自動人偶鐘樓／3.人形燒店賣的雞蛋糕也很好吃／4.板倉屋的煎餅很有人氣／5.好吃的人形燒／6.人形町著名的水天宮／7.喜歡煎餅的話推薦可以去重盛永信堂／8.各式各樣好茶都在森乃園／9.小網神社內的許多雕刻都很有特色

中目黑　六本木　築地　人形町　秋葉原

在地推薦
小網神社
是間以除厄運、增加運氣、洗錢出名的神社，從明治時期就佇立於此。占地不大但精緻，據説很靈驗深受日本人喜愛。(見P.154)

遊客必訪
人形町今半
非常有名的壽喜燒、日式火鍋的超級老舖，使用高級黑毛和牛，店內裝潢非常日式氣氛，邊吃美食邊體會道地的日式服務。(見P.155)

作者最愛
森乃園
森乃園專賣日本的焙茶、煎茶、抹茶，單包裝的或大包裝都能在這裡買到。很推薦焙茶冰淇淋，一定要試試看這間店。(見P.156)

祈求安產、求子的知名神社
水天宮

A2出口 步行約4分鐘

人形町水天宮為福岡水天宮的分社，主要祭拜御中主神、安德天皇與分娩有關的神，以安產、求子最為有名，許多想要有孩子的夫妻，或懷孕中的家庭，會前來參拜，祈求順利、平安健康。

日本傳統習俗會是在懷孕5個月左右，看行事曆上挑在戌之日來拜拜求安產，據說這天是祈福的好日子。在這裡也會賣一些有關懷孕安產的御守，如果剛好有懷孕或是想要小孩的打算，可以順道來這裡拜拜。

http www.suitengu.or.jp | 〒103-0014東京都中央區日本蠣殼町2丁目4-1 | (03)3666-7195 | 07:00～18:00

除厄運、開金運熱門神社
小網神社

A2出口 步行約5分鐘

這間位在巷弄內的小神社，占地不大但非常有歷史、也很有人氣，得先排隊才能參拜到。小網神社最有名的是除厄運和洗錢開金運，從明治時期就建於此地，是唯一在日本橋地區經歷過戰爭但卻完整留到現在的神社。

建議大家能花點時間細細觀賞神殿，在天花板附近有兩個龍柱，分別被稱為昇龍和降龍，代表除去厄運、增添好運。此外，在神社內能看到萬福舟乘弁財天像，附近會有一個能洗錢的地方，相傳只要在這邊洗完錢放回錢包，就能增加財運。而在神社內還有另外一尊像是福祿壽，祈求身體健康。

1.神社門口／2.英文籤詩／3.金光閃閃的籤詩

http reurl.cc/RWm2vn | 〒103-0016東京都中央區日本橋小網町16-23 | (03)3668-1080 | 御朱印9:00～17:00

甘酒橫丁

甘酒、日本酒等傳統老舖聚集街

A2出口 步行約1分鐘

從人形町的1號出口出來，能看到對面插著甘酒橫丁的旗子，這裡是人形町非常有歷史的商店街。取名叫甘酒橫丁是因為在入口處有店鋪以前是賣甘酒。過去曾經有部日劇《新參者》，阿部寬主演的警察劇，就是以甘酒橫丁為舞台，時常在這裡吃老鋪美食，讓人看了非常想來走走。

現在來到這依然能找到幾間甘酒的店鋪，其中在入口處「雙葉」這間店的甘酒很有名之外，豆腐料理也是人氣美食之一。如果想吃玉子燒、雞肉串等日式美食，鳥忠這家店也開業許久，是當地頗具盛名的店鋪。

1. 甘酒橫丁／2. 有名的豆皮與豆腐店家

reurl.cc/Z9vlmA ｜ 〒103-0013東京都中央區日本橋人形町2-4 ｜ 休 各店家不同

人形町今半

超過70年的人氣壽喜燒

A2出口 步行約1分鐘

人形町今半從昭和31年開業至今，已經有70年以上的歷史，以壽喜燒、火鍋等美食聞名，使用了高檔黑毛和牛，期許能給客人帶來最高的享受。今半有分午餐與晚餐時段，午餐時段除了有一般的單點，還有套餐選擇，價位從4千多日幣起跳，提供的料非常實在，如果有預算考量可以來吃午餐，晚餐則要10,000日幣以上的價位。

除了壽喜燒與火鍋外，還有鐵板燒、炭火燒，同樣使用高級牛肉，大家可以體驗到不同口感的和牛美食。

1. 中午時段的壽喜燒套餐／2. 店舖設計走懷舊風格／3. 很新鮮的生魚片

www.imahan.com ｜ 〒103-0013東京都中央區日本橋人形町2-9-12 ｜ (03)3666-7006 ｜ 平日11:00～15:00、17:00～22:00，週末、國定假日11:00～22:00(最後點餐21:00) ｜ 休 12/31、1/1

日比谷線

中目黑｜六本木｜築地｜人形町｜秋葉原

155

1.焙茶冰淇淋味道超級濃，推薦大家一定要買／2.店內現場烘烤茶葉時非常香／3.各種茶葉都有販售，小包裝很適合送禮／4.店門口

茶葉專賣店
森乃園
A2出口 步行約1分鐘

　每當來到這家店附近時，總能聞到一陣非常香濃的日本茶葉香氣，尋著這股誘人的香味，我來到了森乃園。這家距離車站不遠的專營日本茶葉的店鋪，提供來自日本各地的優質茶葉，包括焙茶、煎茶、抹茶等，曾經在日劇《孤獨的美食家》中留下過足跡。自大正三年開業以來，森乃園已歷經百年，其長久經營的原因在於那些美味的茶品。

　店內的茶葉以大包裝和小包裝為主，提供散裝和小包裝的選擇，方便顧客即時沖泡品嘗。品項繁多，甚至還有冷泡茶，非常適合夏季享用。店家會標註客人最喜愛的茶葉，對於不知道如何選擇的顧客，可以挑選熱銷商品。

　店內還提供由焙茶製作的蛋糕和冰淇淋，這些美食都適合帶回家悠閒品味。此外，店內還有現擠焙茶冰淇淋，口感濃郁，甜度剛好，分量十足，喜歡冰淇淋的人絕不能錯過。

　2樓的甘味處有各種美味的日式甜點，以店內的焙茶和煎茶等茶品製作，非常適合下午當點心享用！店內最受歡迎的是與焙茶相關的甜點，如焙茶聖代、焙茶餡蜜等。對於熱愛日本茶的人來說，這家店絕對值得一遊。

www.morinoen.com｜〒103-0013東京都中央區日本橋人形町2-4-9｜(03)3667-2666｜1樓茶販售處10:00～19:00、2樓甘味處13:00～18:00(最後點餐17:00)；假日12:00開店｜茶點套餐1,000日幣起

人形町超好吃排隊美食
板倉屋人形燒
A2出口 步行約1分鐘

位於大馬路上的人形燒本鋪板倉屋已經歷百年以上的歷史，每當經過這家店時，總是看到大排長龍的人潮。板倉屋的人形燒令人驚豔，每一顆上都刻有人臉，這些其實是日本著名的七福神人臉，每一顆都呈現獨特風貌。

這裡最受歡迎的人形燒是內餡包著紅豆餡的，現場可以購買至少5個一包裝，若人多的話還提供大盒包裝。人形燒都是當天現煮，非常新鮮且美味！運氣好的話還有機會購得抹茶或卡士達醬的內餡。如果有興趣的話，務必早點前往購買，下午去的話很可能已經賣光。

1.超好吃要排隊才能買到的人形燒／2.店舖景色

itakuraya.com｜〒103-0013東京都中央區日本橋人形町2-4-2｜(03)3667-4818｜10:00～17:30｜週日、祭日｜五入700日幣

煎餅、人形燒超級老舖
重盛人形燒
A2出口 步行約4分鐘

這間重盛永信堂從1917年初代老闆營業至今已傳承了4代，已是間百年老舖。店家最開始做的是煎餅，據說當年初代老闆為了宣傳自家商品，聘請了飛機在人形町的空中撒下大量廣告宣傳單，因此讓許多人瞬間知道這樣商品，從此這項煎餅變得非常有人氣。

除了煎餅外，人形燒也是重盛的明星商品之一，人形燒的內餡有分紅豆泥款、紅豆粒餡款與沒有任何餡料的選項。這些好吃的美食都是店家挑選上等小麥粉與新鮮雞蛋，每日現做。包裝有分大包與小包，很適合買來送禮。

1.好吃的煎餅／2.店門口／3.人形燒

reurl.cc/VNlna5｜〒103-0013東京都中央區日本橋人形町2-1-1｜(03)3666-5885｜09:00～18:00｜週日｜人形燒五入700日幣、煎餅80g 350日幣

日比谷線

中目黑｜六本木｜築地｜人形町｜秋葉原

日比谷線／Hibiya Line

16 秋葉原 Akihabara

◀ 小傳馬町 Kodemmacho　　仲御徒町 Naka-okachimachi ▶

秋葉原是3C與動漫愛好者的天堂，從車站一走出來就能看到熱鬧的街道，各種夾娃娃機店、動漫商品店、3C電器店都聚集於此，熙攘的人群也多是都大包小包的提著戰利品，非常好買的一個逛街地點。

其中動漫公仔的專賣店就有好多間，位在車站對面的秋葉原RADIO會館，有著無數的新品與中古公仔，可以來挖寶。除此之外女僕店也是秋葉原的一大看點，來到秋葉原強烈體驗另一種日本宅文化。

秋葉原站周邊街道地圖

轉乘資訊
JR東日本、筑波快線

158

日比谷線　中目黑　六本木　築地　人形町　秋葉原

1.秋葉原大街在假日是步行者天國／2.有許多可以免稅的商店／3.可轉各式各樣的扭蛋／4.想買公仔來秋葉原準沒錯／5.有許多女僕咖啡廳／6.想玩夾娃娃機的話，可以來GiGO／7.女僕咖啡店提供的甜點特別可愛／8.快來秋葉原扭蛋巡禮／9.有100年以上悠久歷史的高架橋 (3,5圖片提供／Eric)

在地推薦
AKIHABARA GAMERS

喜愛聲優與動漫的人必到之店，7層樓高，有著各式聲優與動漫的周邊商品、書籍與CD，一走進去得要逛好久才走得出來。(見P.162)

遊客必訪
Maidreamin

女僕店是日本宅文化的一大特色，店員們穿上可愛的女僕裝，還會用最萌的姿態招呼每位客人，用愛讓餐點變得更好吃。(見P.163)

作者最愛
友都八喜

想買日本最新出電器？來這裡準沒錯！9層樓高的友都八喜秋葉原，每一層都分門別類，最熱門的電器商品都能在這裡找到。(見P.161)

159

各種3C動漫周邊聚集地
秋葉原電氣街

2號出口 步行約5分鐘

　從秋葉原車站出來，整個區域熱鬧非凡。友都八喜秋葉原店、JR秋葉原站，緊接著是熱鬧的秋葉原電氣街，有LABI、Bic Camera、Sofmap等電器商城，販售實惠的電器產品。商城有現今最熱銷的家電和遊戲商品，每家店的優惠不同，有些還提供網路優惠券，結帳前查看一下，說不定能省下一筆費用。

　電氣街上有許多美食選擇，對於對女僕店感興趣的遊客，這裡是一個不容錯過的地方，體驗不同的日本文化，品味美味佳餚，或欣賞女僕店的獨特風格。

1.秋葉原最繁華的大街／2.秋葉原每天都非常熱鬧／3.秋葉原街景

akiba.or.jp ｜ 〒101-0021東京都千代田區外神田1-12

夾娃娃必去遊戲場
GiGO

3號出口 步行約6分鐘

　秋葉原這裡聚集了許多夾娃娃機店，這間GiGO在秋葉原就有好幾間店，其中1號店位在秋葉原車站附近。一走進店內印入眼簾的就是各種不一樣的娃娃機台，每一台娃娃機內都會放著當季熱門的商品，玩法也都不一樣，讓人感到非常新奇。除了娃娃之外，餅乾、公仔、浴巾、小電器等商品都有機會獲得。如果有夾到商品，可以跟店員要塑膠袋，輕鬆提著戰利品離開！

　在其他樓層還有音樂系列的遊戲機、各種電視遊戲機台，好幾個遊戲都是過去小時候我們曾經有玩過的遊戲，非常懷念。

1.店內有多種夾娃娃機台／2.GiGO 1號店

reurl.cc/54zp1G ｜ 〒101-0021東京都千代田區外神田1-10-9 ｜ (070)1458-1930 ｜ 10:00～23:30

各類公仔聚集地
RADIO 會館

3號出口 步行約4分鐘

　想要找動漫周邊的公仔娃娃嗎？那絕對不能錯過位在JR秋葉原車站斜對面的秋葉原RADIO會館，這棟樓地下1層，地上10層，除了10樓是表演空間外，其他樓層都是公仔、玩偶、遊戲卡等相關商店。

　在這裡的公仔商品有些許不同，有些店家採全方位販售，有些店家則是偏向超級動漫者才會知道的主題商品。此外，有些絕版的二手商品也有機會在這裡挖到寶，二手的價格依照珍貴度會有不一樣的價位，有機會一定要來這棟超棒的動漫寶藏地！

1.標題醒目的大門口／2.盒裝模型是行家的最愛／3.商品種類非常多

akihabara-radiokaikan.co.jp｜〒101-0021東京都千代田區外神田1-15-16｜10:00～20:00、B1F 12:00～22:00

日比谷線

中目黑　六本木　築地　人形町　秋葉原

9層樓超大電器商場
友都八喜

3號出口 即達

　友都八喜(Yodobashi)秋葉原店是一間非常大的連鎖電器商城，總共有9層樓高，1～6樓為電器店，7樓以上則是其他商店，地下1樓則有餐廳，逛累了也能在這裡享用美食。家電、電腦、相機、手機、遊戲機等各種人氣大廠牌的3C用品都有機會能在友都八喜電器店內找到。

　如果對商品有需要詢問的話，商店內還有好幾位會中文的店員，不用擔心語言隔閡。電器商城內購物滿規定金額就能夠免稅，建議可以集中在一家店一起購買最划算。

1.大樓外觀／2.各種家電都有在賣／3.相機相關商品很齊全／4.清楚標示的樓層圖

risu.io/NVDg5｜〒101-0028東京都千代田區神田花岡町1-1｜(03) 5209-1010｜09:30～22:00

161

各種有趣扭蛋都在這
扭蛋會館

2號出口 步行約9分鐘

位在巷子內的扭蛋會館，店內有超過400台的扭蛋機台，店內就像是一個扭蛋迷宮，各種人氣的、搞笑的扭蛋都聚集在這家店。店內的空間看起來比較擠一點，但也因此有種挖寶藏的興奮感，每次走進去都會逛好久才能走出店外。

扭蛋的價位大約都在300日幣以上，不同商品價格都不太一樣，價格雖然不貴，但每一樣扭蛋都做工非常精細，吸引好多扭蛋迷去收藏。如果百元硬幣帶的不夠也沒關係，店內有硬幣兌換機，不用擔心不夠硬幣的問題。

> www.akibagacha.com | 〒101-0021東京都千代田區外神田3-15-5 | (03)5209-6020 | 11:00～20:00，週日、國定假日11:00～19:00

1.扭蛋機數量非常多／2.店家門口／3.許多特色扭蛋很受歡迎

聲優與動漫周邊大集合
AKIHABARA GAMERS

3號出口 步行約5分鐘

這間位在秋葉原車站附近的AKIHABARA Gamers本店，是喜歡動漫與聲優的寶藏地，店裡總共有7層樓，每層樓有著各種不一樣的商品，在1樓可以看到大量的熱門雜誌書籍還有CD，走到3樓則是書籍區，許多動漫相關書籍都能在此找到。

如果對聲優也有興趣的話，可以到5樓，這裡收藏著現在熱門的聲優的CD，跟其他地方相比起來，這裡的項目非常齊全。

喜歡收藏卡片則可以去地下1樓，這邊是卡片專賣區，很多讓人看了很想買的卡片都在這邊！店內的商品會隨著流行做改變，因此每次去都有新貨驚喜。

> reurl.cc/dLALGM | 〒101-0021東京都千代田區外神田1-14-7 | (070)5298-8720 | 1樓：平日10:00～22:00，週末、國定假日10:00～21:00；2～7樓11:00～21:00

1.各類商品應有盡有／2.周邊商品眾多

秋葉原熱門女僕店

Maidreamin
5號出口 步行約7分鐘

日本的一大特色文化就是女僕餐廳，店員會穿上可愛的女僕服裝，接待每一位客人，並喊上非常萌的口號，有時候也會請求客人一起喊，幫餐點加上神祕魔法，讓料理變得更加好吃。許多客人都被這一連串的動作逗得非常開心又害羞。

女僕餐廳內有精心準備的餐點，若想跟女僕有更多互動的話，也可以考慮點能跟女僕互動的套裝組合選項，這樣能夠獲得和女僕的一張拍立得照片，還能選擇一位女僕為自己唱跳，活絡現場氣氛。

http reurl.cc/yYGY7O ｜ 〒101-0021東京都千代田區外神田3-16-17(住吉ビル6樓)｜(03)6744-6726｜平日11:30～23:00，週末、假日10:30～23:00

1.餐廳內擺設裝潢都很有夢幻感／2.精心準備的餐點／3.表演時會給顧客螢光棒一起同樂

特色鐵道居酒屋

Little TGV
2號出口 步行約9分鐘

位在秋葉原巷弄的大樓內，走進店內馬上就能看到全以鐵道相關物品布置的裝潢，桌椅也都是電車座椅，店員的服飾也是電車站務員造型的衣服。

入店前，店員會給一張新秋葉站的紀念車票，再用驗票夾幫忙驗票，就好像在搭車一樣，非常有趣。Little TGV的食物有套餐之外也有單點選擇，可以從菜單名稱都以鐵道主題去設計菜單，這樣精心設計真的是會讓鐵道迷愛上這間店。

http www.littletgv.com ｜ 〒101-0021東京都千代田區外神田3-10-5(4樓)｜(03)3255-5223｜週一～五18:00～23:00，週六、國定假日16:00～23:00，週日12:00～23:00｜不定休

1.牆壁上都是跟電車有關造景／2.連座椅都是電車的樣子／3.餐點使用的盤子是電車造型的

日比谷線

中目黑｜六本木｜築地｜人形町｜秋葉原

千代田線／Chiyoda Line

03 明治神宮前
Meiji Jingumae

◀ 代代木公園　　　　　表參道 ▶
　Yoyogi-koen　　　　Omote-sando

明治神宮前站和JR原宿車站均位於東京的核心地帶，毗鄰著名的表參道、竹下通和原宿等地。這裡是一個充滿活力與時尚氛圍的購物天堂，吸引著眾多潮流追求者和遊客。

對於追求高端時尚的購物者來說，表參道周邊則是不容錯過的地方。這裡集結了多家國際知名的精品旗艦店，展示著最新的時尚趨勢和高級品牌的獨特魅力。

除了購物外，附近的代代木公園或明治神宮，則提供了一個遠離都市喧囂、親近大自然的絕佳機會。

明治神宮前站
周邊街道地圖

轉乘資訊
副都心線

1.熱鬧的竹下通／2.代代木公園是日本人時常去放鬆度假的公園／3.竹下通內非常熱門的巨大多彩棉花糖／4.有賣許多特色上衣／5.竹下通流行設計別樹一格非常受年輕女孩熱愛／6.JR車站的最新樣貌／7.棉花糖有賣桶裝的／8.竹下通知名的可麗餅店／9.明治神宮內 (3,5,8圖片提供／Eric)

千代田線　明治神宮前　赤坂　千駄木

在地推薦

明治神宮

東京都內第二大綠地的明治神宮，祀奉明治天皇與昭憲皇太后，以拜結緣聞名。占地廣大如森林，跟外面原宿景色截然不同。(見P.166)

遊客必訪

@cosme TOKYO

超大間的彩妝保養旗艦店，共3層樓，1～2樓有大量的美妝保養品體驗及最流行彩妝排行榜，讓你一探究竟日本最夯商品。(見P.168)

作者最愛

竹下通

在竹下通內有許多小店可以逛，想要買日本年輕女生的服飾、飾品的話，走在這條街上就可以找到很多便宜又好買的店鋪。(見P.167)

165

祀奉明治天皇與昭憲皇太后的神聖地
明治神宮

2號出口 步行約5分鐘

　　明治神宮是東京都內第二大的綠地，占地約有15個東京巨蛋的大小，走進來就好像來到世外桃源，周圍的高大綠樹隔絕了外面城市大樓的景色，地面是鋪著石頭的石子路，有種走在森林裡面的感覺。

　　明治神宮最早並不是綠樹圍繞的環境，現在看到的樹木是在1915年左右從日本各地、朝鮮、台灣等地搬運過來種植的。在神宮入口處的鳥居過去曾用台灣的檜木製成，在最近因為整修工程，換成了日本杉木。

　　在這裡祀奉的是明治天皇與昭憲皇太后，拜結緣非常有名，許多日本人會選在此舉辦日式傳統婚禮。

1.來自各地的旅客會前來參拜／2.非常具有歷史古味的宮門／3.可以來這裡抽籤、買御守／4.此鳥居過去是用台灣檜木製成，近幾年重新翻修才改為日本杉木

http://www.meijijingu.or.jp｜〒151-8557 東京都澀谷區代代木神園町1-1｜(03)3379-5511｜開放時間會因季節有所變化

166

原宿周邊散步好去處
代代木公園
2號出口 步行約5分鐘

位在明治神宮附近的代代木公園是許多日本人假日喜歡來的休憩場所，寬廣的大公園內有許多美麗花卉，隨著季節有所變化，櫻花季時可以賞美麗河津櫻，秋季時則有大片的紅葉與銀杏。在這裡有許多草地，只要帶個地墊來就能舒服的野餐。

代代木公園在過去歷史上也有幾個重大事件，例如1910年時日本第一架飛機就是在代代木公園起飛的，戰敗之後變成美軍宿舍，1964年又曾為奧運的選手村，1967年才正式改為公園。

reurl.cc/13EAzW｜〒151-0052東京都澀谷區代代木神園町2-1｜(03)3469-6081｜24小時｜無料入場，但部分設施收費

1.綠意盎然的代代木公園，非常適合和朋友來野餐／2.玫瑰季盛開的玫瑰園

千代田線　明治神宮前　赤坂　千駄木

日本年輕人流行時尚購物區
竹下通
5號出口 步行約4分鐘

竹下通是位在靠近JR原宿站附近的熱鬧逛街景點，在這裡有著日本時下年輕人的流行服飾，有許多比較前衛、學生們會喜愛的店，也有許多配件飾品不分年齡都很好買的商店。

在竹下通內想要買到便宜的服飾單品的話，可以去WEGO這間店，有許多當季衣服配件。如果逛累了在竹下通也有好吃的可麗餅，有各式各樣不同的口味，柔軟的餅皮內包著時常經過都會看到大批人潮在購買。

想要試試年輕女孩會拍的日本大頭貼機，那也一定要來竹下通，在這裡好幾間大頭貼機店，讓你盡情體驗日本道地流行文化。

1.下午的逛街人潮很壯觀／2.著名的竹下通招牌／3.好吃的可麗餅店有很多間

www.takeshita-street.com｜各店家營業時間不同

1.店內每天都很熱鬧／2.店門口／3.限量的套裝組／4.商品排行榜提供消費者客觀的資訊參考／5.店內客人非常多

原宿美妝旗艦店
@cosme TOKYO
3號出口 步行約3分鐘

　@cosme TOKYO是東京一家非凡的美妝旗艦店，以其龐大的品牌收錄和創新的店面設計聞名。這家店匯集了超過200個美妝品牌，從平價小眾的開架品牌到國際知名大廠，應有盡有，為美妝愛好者提供了一個難以抗拒的購物天堂。

　店內總面積達6百多坪，分布在3層樓中。每層樓的布局都經過精心設計，使購物體驗既舒適又高效。1樓被巧妙地劃分為7個不同的區域，其中最吸引人的是「BEST COSME AWARD CORNER」，在這裡可以看到@cosme從保養到彩妝歷年來的評比和排名，這對於尋找高品質產品的消費者來說是一個極好的參考。

　1、2樓不僅展示和銷售產品，還提供顧客試用各種彩妝和限定商品的機會，使購物體驗更加互動和個性化。

　透明公開的銷售排行榜也設在2樓，讓顧客能直觀了解各類產品，如眼妝、唇妝、粉底液等的人氣程度。@cosme TOKYO的這種公開透明和顧客互動的經營方式，在零售業界中不僅業績令人驚艷，也確實是一個獨特而新穎的模式。

www.cosme.net/flagship ｜ 〒150-0001東京都澀谷區神宮前1-14-27 ｜ (03)6832-7670 ｜ 11:00〜21:00

300日幣的好品質雜貨
3COINS
4號出口 步行約6分鐘

3COINS的產品範圍極為廣泛，從時尚居家裝飾品到各式飾品，再到實用的廚房用具等，應有盡有，以其簡約的設計和淡雅的色調而聞名，既時尚又實用。尤其是位於原宿的旗艦店，以其巨大的空間和完整的商品陳列而受到關注。店內不僅展示了3COINS自家的商品，還匯集了ASOKO等其他品牌的獨家商品，提供更多元的購物選擇。

該店的內部設計彷彿是一個巨大的倉庫，充滿了探索的樂趣。顧客可以在逛店的過程中不斷發現意想不到的驚喜商品。此外，商品的包裝和造型都經過精心設計，展現出高質感和美感，這種結合實用性和美感的商店理念，使3COINS在日本的百元商店中獨樹一幟。

1.即便是假花也非常具真實美感／2.就算是平日，購買的人潮也不少

www.3coins.jp ｜ 〒150-0001澀谷區神宮前6-12-22 ｜ (03)6427-4333 ｜ 11:00〜20:00

千代田線　明治神宮前　赤坂　千駄木

繽紛棉花糖、糖果專賣店
TOTTI CANDY FACTORY
3號出口 步行約7分鐘

五顏六色的棉花糖做成愛心、三角圓錐狀的繽紛樣式，吸引許多人去現場排隊購買，是店內最人氣的招牌甜點，竹下通這間是東京唯一的一間。棉花糖有3種款式：TOTTI三色棉花糖、TOTTI心形棉花糖、TOTTI四色棉花糖，還有賣盒裝棉花糖，價格約1,000日幣。除了棉花糖之外還有賣可以自己挑選裝袋的糖果，以及棒棒糖形狀的動物造型小蛋糕，特殊可愛的樣子非常好拍照。

1.店門口一直都是排隊的人潮／2.色彩繽紛的杯裝棉花糖／3.超大棉花糖

www.totticandy.com/about ｜ 〒150-0001東京都澀谷區神宮前1-16-5(RYUアパルトマン2樓) ｜ (03)3403-7007 ｜ 平日10:00〜20:00，週末、國定假日09:30〜20:00 ｜ 1,000日幣

千代田線／Chiyoda Line

06 赤坂
Akasaka

◀ 乃木坂　　國會議事堂前 ▶
Nogizaka　　Kokkai-gijidomae

　赤坂，一個位於東京的政商核心地區，不僅是許多政府機構和電視台的所在地，也是商業活動的重要樞紐。由於這裡辦公樓宇林立，赤坂自然而然地吸引了眾多高品質餐館，這些餐廳以其多樣化的美食選擇和卓越的服務著稱。

　不僅如此，赤坂還擁有數個富有歷史意義的神社，不僅是當地文化的象徵，也是尋求心靈寧靜和運勢提升的絕佳去處。這些神社的古老傳說和精緻建築，使得赤坂成為探索東京歷史與現代融合的獨特地點。無論是在繁忙的工作日間尋找一處安靜的休憩之地，還是週末探索這些古老神社的歷史與傳說，赤坂都能提供一段獨特且豐富的體驗。

赤坂站
周邊街道地圖

170

1.赤坂SACAS是現在很熱門的逛街景點／2.這裡有哈利波特的店鋪／3.乃木神社的繪馬／4.日枝神社的大鳥居／5.羊羹是虎屋的招牌商品／6.來日枝神社參拜的人潮／7.虎屋菓寮的最中日式甜點／8.在這站有青森的物產館／9.乃木神社的千本鳥居

千代田線

明治神宮前｜赤坂｜千駄木

在地推薦

乃木神社

乃木神社主要拜勝負運與結緣，在這裡有祈求夫妻長長久久的漂亮御守，很適合拿來送給新婚夫婦或是自己收藏使用。(見P.173)

遊客必訪

赤坂SACAS

位在日本電視台TBS旁邊，集結商店、餐廳、娛樂的綜合設施，周邊氛圍非常舒適，走在這裡有種置身歐洲的錯覺。(見P.173)

作者最愛

虎屋菓寮

這家日式和菓子有500年歷史，起源於京都，後遷到東京，這家老鋪曾是天皇的御用和菓子職人，可見其糕點技藝之高超。(見P.175)

171

1.來到這一定要看看的千本鳥居／2.神社的整體設計有種現代感／3.正殿及絡繹不絕的祭拜人群

東京都內少有的千本鳥居
日枝神社

2號出口 步行約3分鐘

　日枝神社在過去作為江戶城的鎮守神被祭拜著，已有相當久遠的歷史，現今則是祭拜結緣、戀愛成就、養育孩子非常知名的神社。除此之外，想要拜工作運、生意繁榮等也都會常來這間神社。

　在日枝神社內有兩大看點，第一個是在神社有一處的入口是稻荷參道，在這裡有許多紅色鳥居，一路沿著樓梯綿延上去非常壯觀，在東京是非常少見的。

　第二個則是守護神明的差使並不是狛犬，而是狛猿，以猴子鎮守在神社門口是非常特別的，狛猿在這裡有可以去除厄運與增加勝運的意思。對御守有興趣的話，在神社有在賣很可愛的猴子造型御守，好幾個不同顏色，可以去找找看。

日本三大祭之一：山王祭

　東京山王祭是日本三大祭典之一，與京都祇園祭、大阪天神祭並列，並且與東京神田祭、深川祭共同被稱為江戶三大祭。每年6月左右，山王祭會在日枝神社舉行，擁有悠久的歷史。這個祭典的亮點之一是「神幸祭」，當天，參加者會身著傳統服飾，並且東京都心將有一條長達300米的神幸行列緩緩行進。

　行列中包括兩輛御鳳輦、一基宮神輿和6輛山車，由身穿王朝裝束的總代役員和氏子青年引領，巡遊於氏子區域。這場由500人組成的現代王朝畫卷，場面壯觀，令人嘆為觀止。

　山王祭通常會持續約10天，每天都有慶典活動安排，沿著日枝神社周邊巡遊。如果你恰好在6月來到東京，不妨親身體驗這場充滿傳統與歷史的祭典，感受日本祭典的獨特魅力。

www.hiejinja.net ｜ 〒100-0014東京都千代田區永田町2-10-5 ｜ (03)3581-2471 ｜ 06:00~17:00

乃木神社

御守收藏者不可錯過的夫妻御守

7號出口 步行約11分鐘

神社位在赤坂與六本木附近，1919年左右創立，其背後有著一個很感人的故事，當年明治天皇過世時，一位乃木將軍便隨著天皇的駕崩和妻子一起自縊，其忠心的樣貌感動了世人。爾後因二戰關係許多地方都損壞，花了好一段時間才重建回來。

現在乃木神社主要拜勝負運與結緣，在神社裡非常有人氣的夫妻御守，以新娘白無垢與新郎紋服作為御守的設計，為夫妻祈福能相知相惜，一同到老。因為太熱門了很有可能到現場會買不到，需要碰碰運氣。

nogijinja.or.jp | 〒107-0052東京都港區赤坂8-11-27 | (03)3478-3001 | 06:00～17:00

1.神社境內／2.乃木將軍故居／3.現場有許多不同籤可以抽

赤坂SACAS

赤坂時尚綜合娛樂商場

3b出口 步行約5分鐘

赤坂SACAS緊鄰日本電視台TBS，集結了商店、餐廳、娛樂的綜合設施，在靠近電視台附近的TBS AKASAKA ACT THEATER(TBS赤坂ACT劇場)這裡定期會有各種舞台劇、音樂劇表演。而另外一處則是商場區，整體化的異國風情設計，在這裡有種英國街頭的氣息，有許多咖啡廳讓大家可以來這裡度過美好的假期。

SACAS這個名字的來由很有趣，是因為在赤坂有多條坂道(在日文稱為SAKA)，並且在這個廣場內種植了約100棵的櫻花樹，取諧音為咲かす(SACAS)，因此將此地區取名為SACAS。

1.赤坂SACAS的街道讓人彷彿走在歐美街巷／2.會有期間限定餐廳／3.劇場入口

www.tbs.co.jp/sacas | 〒107-0052東京都港區赤坂5-3-6 | (03)3746-1111 | 平日12:00～21:00、週末11:00～21:00

千代田線

明治神宮前　赤坂　千駄木

國內外酒類專賣店
YaMaYa

2號出口
步行約3分鐘

這家店是日本相當有知名度的酒類連鎖專賣店。店內擁有豐富多樣的酒類，包括紅酒、白酒、日本酒、燒酒、啤酒、梅酒等，無論是平價實惠的好酒還是高檔的精選酒款，這裡應有盡有。店內獨具特色之處在於提供了一系列小瓶裝酒，非常適合作為送禮之用，有些酒瓶的造型充滿濃厚的日本風味，絕對值得前來尋找心儀的禮物。

此外，店內還提供多種適合搭配的零食，例如餅乾、起司等，種類豐富。在店內消費超過退稅金額即可申請退稅。

1.店內各式各樣酒類，葡萄酒也有非常多選擇／2.適合配酒的小零食／3.店門口

reurl.cc/xL2Mx1 ｜ 〒107-0052 東京都港區赤坂2-14-33 ｜ (03)3583-5657 ｜ 10:00～22:00

來自青森縣道地的雜貨與特產
AoMoLink

2號出口
步行約3分鐘

這間AoMoLink賣著各式各樣來自青森的當地零食、飲料，不定期會舉辦跟青森縣有相關活動，讓人在東京也能感受像是青森的氣氛。除了上述提到的青森美食之外，還有在賣青森縣職人們做的手工藝品，許多精緻的彩繪玻璃杯看起來都好漂亮，很適合帶回家收藏。

如果你喜歡喝蘋果汁，那一定要來店裡找找，這裡賣了許多使用青森蘋果做的蘋果汁，喝起來和一般超商賣的蘋果汁非常不一樣，味道更加香甜好喝。

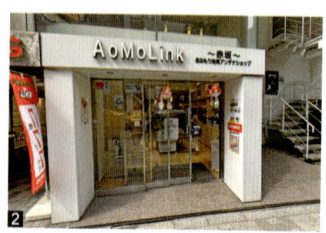

1.店內環境／2.店門口／3.青森產蘋果汁

aomolinkakasaka.com ｜ 〒107-0052 東京都港區赤坂3-13-7 ｜ (03)5561-3131 ｜ 11:00～19:00

跨越5個世紀的日式菓子店
虎屋菓寮

3a出口
步行約10分鐘

虎屋從室町時代時在京都開始營業，已經有超過500年歷史，在1586年受到天皇重用，成為天皇的御用和菓子。爾後因遷都至東京，虎屋也跟著來到東京，在銀座開設店鋪，接著搬移了好幾處，在1964年遷移至赤坂現在的位置。

虎屋裡面賣著各式各樣的手作和菓子，整棟樓採落地玻璃的設計，自然採光讓店內看起來非常舒服，店鋪種共有地下1層、地上3層樓，1～3樓是和菓子販賣處與虎屋茶寮，能夠在現場品嘗好吃的甜點之外，還有季節的鹹食可享用。

在3樓有製作和菓子的製造場，能透過玻璃看到職人們手工製作的樣貌。

1.小小一條羊羹加上精美的包裝很適合送禮／2.日式和菓子／3.整個店家的設計都是一道迷人的風景

www.toraya-group.co.jp ｜〒107-0052東京都港區赤坂4-9-22｜(03)3408-2331｜商品區：平日09:00～18:00、週末、國定假日09:30～18:00，虎屋菓寮：11:00～17:30(午餐11:00～14:00、最後點餐17:00)｜每月6日(12月除外)

懷舊的鬆餅美食
Fru-Full

4號出口
步行約8分鐘

Fru-Full是一間專賣鬆餅、三明治、聖代的甜點店，其中以鬆餅最受顧客們喜愛，傳統的鬆餅煎的恰當均勻漂亮的顏色，外層酥脆，內層吃起來卻很鬆軟，並搭配店家限定的楓糖漿，香甜好吃。

鬆餅總共有3種選擇：基本款、水果奶油款、紅豆款，可以試試看水果奶油款，因為老闆曾經是很有名的水果老鋪員工，使用的都是跟日本當地農家合作的新鮮水果，挑選上等好水果來做美味甜點。除了鬆餅以外，使用當季水果的聖代也是店裡必吃美食之一！

1.現做鬆餅濃濃的奶油香／2.聖代也有多種選擇

www.frufull.jp ｜〒107-0052東京都港區赤坂2-17-52｜(03)3583-2425｜平日11:00～19:30(最後點餐19:00)，週末、國定假日11:00～18:30(最後點餐18:00)｜週一

千代田線

明治神宮前　赤坂　千駄木

千代田線／Chiyoda Line

⑮ 千駄木 Sendagi

◀ 根津 Nezu　　西日暮里 Nishi-nippori ▶

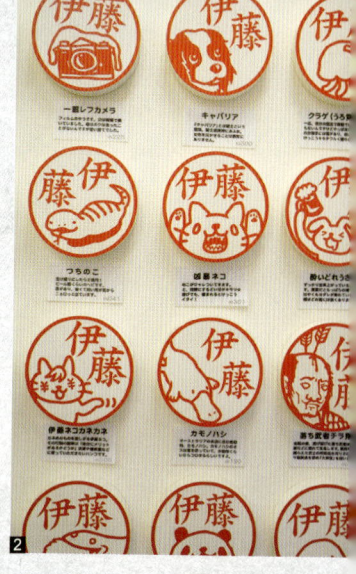

谷中、根津、千駄木這3個地區以其獨特的魅力和歷史價值聞名。這些區域曾在日本的一本雜誌中被稱為「谷根千」，自那時起，這個名稱便廣為人知。這3個地區彼此鄰近，猶如密不可分的好夥伴，共同構成了一個充滿歷史韻味的旅遊地。

由於這3個車站的距離非常接近，許多遊客選擇花一整個下午來這裡遊覽，探索區域內的古蹟和神社。漫步於此，可以深刻感受到東京下町獨有的古樸氛圍，體驗與現代都市風格截然不同的懷舊情懷。古色古香的街道、充滿歷史故事的建築，以及周圍那些沉浸在時光深處的神社，共同構成了一幅迷人的歷史畫卷，讓人彷彿穿越時空，回到了過去。

千駄木站
周邊街道地圖

176

千代田線

明治神宮前　赤坂　千駄木

1.當地有名的仙貝店／2.在谷中銀座商店街內可以做可愛的貓咪印章／3.美味的仙貝／4.根津神社／5.谷中地區以貓咪聞名／6.根津神社的入口／7.谷中松野屋是知名的生活雜貨品牌／8.正在製作美味刨冰的店家／9.能買到許多瓷器的金吉園
(5,7圖片提供／Eric)

在地推薦

谷中銀座商店街

　　充滿下町風情的人氣商店街，各式各樣的商店都在這條商店街內，推薦下午時段來，陽光照射到商店街的樣子非常漂亮。(見P.179)

遊客必訪

HIMITSUDO刨冰店

　　谷中銀座商店街內常需要排隊的好吃刨冰店，老闆特別挑選日光的上等冰塊，並用手動式刨冰，讓你每一口都有不同感受。(見P.181)

作者最愛

谷中仙貝

　　谷中仙貝在大正時代開業，已超過100年，一塊塊的仙貝餅乾放在罐子內，每塊都又大又厚實，咬起來非常脆爽口。(見P.181)

超美千本鳥居神社
根津神社

1號出口 步行約6分鐘

被稱為東京十社之一的根津神社，建於1706年，距今已有好幾百年的歷史，是日本相當重要的國家文化遺產。最早神社是在千駄木地區，一直到江戶時代才搬遷至現今的位置，境內有許多從古代流傳下來的建設，例如一進門就能看到的唐門。

根津神社內占地廣大，植物非常豐富，每年4月中到5月初時會盛開非常多的杜鵑花，紅色、桃紅色、白色各種不同品種相當壯觀，到了秋季時則有紅葉能欣賞。

神社境內還有「乙女稻荷神社」和「駒込稻荷神社」，在這裡能看到千本鳥居，吸引許多旅客前來欣賞。

1.在綻放的杜鵑花襯托下，神社更添繽紛多彩的氛圍／2.特別的千本鳥居亦是吸引遊客到此的原因之一

www.nedujinja.or.jp ｜ 〒113-0031東京都文京區根津1-28-9 ｜ (03)3822-0753 ｜ 06:00～17:00

神社必看重點
何謂「唐門」
唐門(からもん)是日本建築的門，以使用名為唐破風的圓弧形博風板為特徵，常用於日本城堡、佛寺、神社入口，歷史上象徵權威。

日本著名可賞櫻的墓園
谷中靈園

2號出口 步行約11分鐘

靈園是日本的墓園，谷中靈園在1874年被政府徵收後成為都立墓園。墓園對於台灣人是平常沒事不會特別想去的地方，但是日本的靈園卻不會給人這種感覺，許多人還會去散散步。谷中靈園腹地廣大，約有10萬平方公尺，許多日本名人、將軍、作家、藝人往生後都會葬在此處，對歷史有興趣的人還會特地來參拜。

在谷中靈園腹地裡有一條櫻花大道。櫻花樹茂密盛開時有如一條櫻花隧道，每到4月會有許多遊客前來。和其他地方相比在這裡賞櫻比較沒有那麼擁擠，更能欣賞櫻花之美。

櫻花季節會盛開櫻花

reurl.cc/37Wg1V ｜ 〒110-0001台東區谷中7-5-24 ｜ (03)3821-4456 ｜ 24小時

谷中銀座商店街
東京下町散步好去處 — 2號出口 步行約3分鐘

谷根千這個地帶有許多好逛好玩的地方,其中谷中銀座商店街是這裡非常有特色的下町老街,約有60多間店,每次假日來時都很熱鬧,尤其在入口處樓梯非常適合拍照,下午時間來到這的話能看到夕陽,黃澄澄的樣子非常漂亮,好幾次都看到攝影師在這裡駐足。

在商店街內有各式各樣的店面,好吃的可樂餅、茶品店、刨冰店都很受歡迎。如果喜歡小貓的話更應該來這裡走一走,浪貓、貓招牌是當地特色之一。

1.路口處有個樓梯很適合在這邊拍照/2.商店街並不大條,但很溫馨好逛/3.在這裡有許多特色小店

http reurl.cc/bDgQX6 | 〒110-0001 東京都台東區谷中3-13-1

邪惡印章屋
特色可愛印章 — 2號出口 步行約5分鐘

這間很有特色的印章店從2011年左右,在谷中銀座商店街開始營業,由於真的太特別了,因而吸引許多海內外的客人前來。

在印章上除了會刻有自己的名字外,還會有小動物的圖案圍繞在名字旁,圖案總共有500多種供你選擇,貓咪、小狗、熊貓、爬蟲類,各種可愛的小動物都有,有的帶點俏皮,有生氣的、開心的、頑皮模樣的,每個都好吸睛。

購買前會需要填寫表單,可能太多觀光客會去,老闆還特地準備了英文版的單子,讓外國客人也可以很輕鬆購買。

1.店內滿滿的各種動物造型任君選擇/2.印章造型、印泥顏色可自行選擇/3.超可愛店招牌

http www.ito51.com/?mode=f17 | 〒110-0001東京都台東區谷中3-11-15 | (03)6679-7264 | 週末12:00〜17:00 | 週一〜五 | 2,600日幣起

千代田線 | 明治神宮前 | 赤坂 | 千駄木

179

日本茶專賣店
金吉園

2號出口 步行約6分鐘

位在谷中銀座商店街內的這間金吉園,是一家已經開業超過80年的日本茶專賣店,主要賣靜岡出產的日本茶。為了賣品質好的茶,老闆會親自前往茶葉產地確認茶葉的品質,目前在全國許多地方都是金吉園的老客戶,都是相信老闆挑選的茶葉,也一直跟著同一間店購買。

店內還有賣許多日本各地職人做的陶器,每一個杯子看起來都很精緻。喝好茶配好杯,更加提升日本茶的風味。店內的每一樣商品都很適合當作伴手禮送人,還沒想好要買什麼禮物的話,或許日本茶是好選擇。

1.日式茶品、茶杯專賣店 / 2.日本茶選擇多 / 3.各式各樣的茶壺、茶杯

[http] reurl.cc/E4yxO0 | 〒110-0001東京都台東區谷中3-11-10 | (03)3823-0015 | 10:00〜18:00 | 休 週三 | 1,000日幣上下

貓咪雜貨專賣店
Neko Action

2號出口 步行約9分鐘

在谷中銀座這附近有許多可愛的小貓咪,幸運的話就能在路上巧遇,很多貓咪愛好者會特地來這裡看能否遇到貓。

靠近谷中銀座商店街入口處有這間貓咪雜貨專賣店,從2009年開業至今,挑選海內外可愛的貓咪相關的居家擺設用品、玩偶、飾品、手帕、明信片等等的商品。

一走進店內就會被各種貓咪商品吸引眼球,幾乎每件商品都太可愛了,如果你也是愛貓人士,或是家中有毛小孩的人,或許來這間店能找到你喜歡的貓咪商品!

1.喜愛貓咪的人看到店內的商品一定又暖心又感動 / 2.各式各樣貓咪造型商品 / 3.充滿逗趣和貓味的店門口

[http] necoaction.com | 〒116-0013東京都荒川區西日暮里3-10-5 | (03)5834-8733 | 11:00〜18:00 | 休 週一 | 1,000日幣上下

開業 100 年以上的仙貝老舖
谷中仙貝

2號出口 步行約11分鐘

位在谷中銀座商店街附近的谷中仙貝從1913年開業至今，已有百年歷史，使用古老流傳下來的工法，手工製作仙貝餅乾。每天早上老闆會在店內現烤仙貝，店內賣的仙貝有許多口味，最熱門的是基本款醬油口味，淡淡的醬油刷在仙貝上，再拿去烤一烤，香氣十足。其他還有抹茶、海苔、砂糖、唐辛子等的口味，每一片都非常好吃。

店家的仙貝是一片一片販賣的，可以少量購買，要大量購買的話也可以用盒子裝，除了自己享用外，送禮非常適合。

1. 都是老闆親自手作的仙貝餅／2. 店門口／3. 仙貝又硬又脆好好吃，可以單片購買

reurl.cc/eLgexL ｜ 〒110-0001東京都台東區谷中7-18-18 ｜ (03)3821-6421 ｜ 10:00～17:00 ｜ 週二 ｜ 130日幣起

千代田線｜明治神宮前－赤坂｜千駄木

人氣刨冰排隊名店
HIMITSUDO

2號出口 步行約8分鐘

是谷中銀座商店街的熱門刨冰店，在知名的tabelog餐廳網站上，連續多年被評選為甜點百名店，假日來的話時常需要排隊，有時候可能會需要等一兩小時以上。之所以會這麼有名是因為店家對於刨冰的選料非常用心，水果會根據季節挑選，並且冰塊也是挑日光的上等冰塊製作。

店內刨冰有多種口味，不管是哪一個都非常大一份，水果等的配料也非常多，吃完一碗就會覺得很飽。眾多口味當中看到許多客人都點草莓，是店裡的人氣口味。

1. 店家並不大間但生意特別好／2. 小小的店門口／3. 刨冰超大一份

himitsudo.com ｜ 〒110-0001東京都台東區谷中3-11-18 ｜ (03)3824-4132 ｜ 平日09:00～18:00、假日08:00～18:00 ｜ 週一，夏季無休

東西線／Tozai Line

05 神樂坂 Kagurazaka

◀ 早稻田 Waseda　　　飯田橋 ▶ Iidabashi

神樂坂曾是受歡迎的藝伎花街，同時也是日本眾多食材的重要集散地，自江戶時代以來一直繁榮不衰。如今，這裡已成為人們喜愛的假日散步勝地。兩旁的坡道綠樹蔽天，沿途彷彿穿越時光，呈現出豐富多彩的風貌。神樂坂擁有多樣的當地料理、異國美食，以及充滿日式復古風情的小巷弄，使人流連忘返。

這裡蘊藏著許多吸引人的元素，如古老的茶館和精緻的餐廳，使其成為散步的理想選擇。若時間充裕，你還可以尋找藝妓小路，那裡散發著小京都風味，美不勝收。

漫遊在神樂坂的街頭巷尾，彷彿置身於一幅美麗的畫卷中，每一步都充滿了歷史的深度和現代的魅力。

神樂坂站周邊街道地圖

東西線

神樂坂 九段下

1.神樂坂寧靜的街道／2.有許多小巷子可以進去逛逛／3.美味的法式蛋白霜脆餅／4.來到這還能去寺廟走走／5.人氣必吃冰品／6.有種小京都感的巷子／7.日式和菓子／8.非常懷舊感的錢湯／9.適合當伴手禮的商品

在地推薦

NOREN KAGURAZAKA

　　來自日本與世界各地的精緻日式商品，從食器、花瓶、飾品等商品都有，想要買給朋友的精緻伴手禮，很推薦來此找看看。(見P.184)

遊客必訪

神樂坂茶寮

　　這間藏身在弄內的抹茶人氣甜點店，最受歡迎的抹茶蒙布朗，用料實在且分量大，加上無糖茶飲真的是絕配。(見P.187)

作者最愛

CANAL CAFÉ 水岸咖啡廳

　　水岸咖啡廳不僅能欣賞河畔之美，還能吃到美味的義式料理與甜點，和同伴一起點杯紅酒享受美好的悠閒時刻。(見P.186)

增加金運的歷史悠久寺廟
毘沙門天善國寺

1a出口 步行約8分鐘

毘沙門天善國寺就位在神樂坂熱鬧的大街上非常好找，寺內祭拜的是被稱為武神的毘沙門天，這位從古代印度就存在的神祇，一路傳到中國與日本，是佛教當中非常有地位的一尊神，在中國被稱為多聞天王。毘沙門天主要掌管錢財與佛法，在現代成為拜財運的著名神明。人們相信金運、開運、勝運(合格祈願)、健康長壽、除惡等等，都可以通過拜毘沙門天得到保佑，許多公司行號或是要考試的學生都會前來此祈求一切順利。在境內有一小部分紫藤花樹棚，每到紫藤花開的季節會帶給寺廟不一樣的氣氛。

reurl.cc/D4pgM6 ／ 〒162-0825東京都新宿區神樂坂5-36 ／ (03)3269-0641 ／ 09:00～17:00

1.正殿／2.各種御守提供給信徒各種不同的祝福

日式雜貨選物店
NOREN KAGURAZAKA

1a出口 步行約9分鐘

販賣著許多來自日本各地的精緻商品，從食器、煮飯用具、茶壺到生活用品、錢包、飾品，居家擺設等各式各樣的物品，都相當有質感。這間店的店名之所以叫NOREN，漢字為「暖簾」，即是店家希望可以透過暖簾尋找日本各地深奧的生活方式之魅力，找到各種美麗精緻的商品。

店內商品的價格從1、2千到上萬日幣的商品都有，有些可愛的小飾品很適合帶回家或當作伴手禮。如果對於居家擺設非常有興趣的話，這間品味風尚的店一定能滿足你的需要。

www.noren-net.jp ／ 〒162-0825東京都新宿區神樂坂1-12 ／ (03)5579-2975 ／ 11:00～19:00 ／ 週二

1.非常適合找優質伴手禮的店／2.店內商品非常多選擇／3.每個生活小物都帶有濃濃的日式生活奧義

日本甘酒專賣店
NOREN MURO

1a出口 步行約9分鐘

日本因為溫度和濕度恰當的緣故，發展出許多發酵食品，例如味增、醬油、醋、甘酒等，這些也成為日本人的家庭料理中最常會出現的調製品。神樂坂在過去作為這些發酵食材的卸貨地，集結了許多批發店，是非常熱鬧的地區。

也正因為神樂坂跟發酵食品長久以來的深厚緣分，NOREN MURO選擇在此開了這間甘酒與米麴的專賣店。店內販售的商品來自日本各地，以不同手法製作的甘酒味道都會些許不同，客人可以自己的偏好挑選適合自己的甘酒。

kouijamasake.jp | 〒162-0825東京都新宿區神樂坂1-12-6 | (03)5579-2910 | 11:00〜19:00 | 週二

1.甘酒的口味有許多不同的選擇／2.店門招牌的設計很別具一格

購物必看重點
何謂「甘酒」
甘酒是白米釀酵而成的飲品，基本上是不含酒精成分，但富含營養，顏色看起來白白濁濁，喝起來帶有甜味，是日本很有名的養顏聖品。

東西線

神樂坂　九段下

巧克力與義式冰淇淋名店
GELATERIA THÉOBROMA

1a出口 步行約3分鐘

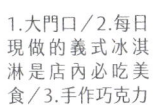

位在神樂坂小巷弄內的義式冰淇淋專賣店可是大有來頭，是由日本非常有名的巧克力大師土屋公二所開的店。GELATERIA THÉOBROMA從外觀就很吸引人，如同童話故事裡的歐風建築。店裡最受歡迎的有每日現做的義式冰淇淋，口味眾多，吃起來順口不甜膩，分量相當大，1個就可以吃很久。

土屋公二是巧克力大師，這裡當然也有販售巧克力，愛吃巧克力的人一定要來品嘗，這位大師曾經在國外多年的研修且獲得多項大獎，絕對讓你愛不釋手。

1.大門口／2.每日現做的義式冰淇淋是店內必吃美食／3.手作巧克力

gelateria.theobroma.co.jp | 〒162-0825東京都新宿區神樂坂6-8 | (03)5206-5195 | 11:00〜19:30 | 週一 | 單球680日幣起、雙球780日幣起

185

喝咖啡欣賞神樂坂河畔風景
CANAL CAFÉ
水岸咖啡廳

1a出口
步行約10分鐘

飯田橋站下方有一條相當廣闊的河川，CANAL CAFE就在這水岸旁的咖啡廳，夜晚還會點上浪漫的燈飾，讓客人們能邊享用美食邊賞河畔美景。

餐廳內有兩部分，一個是左側的餐廳，適合認真吃餐點、想要享受安靜氣氛的人，可以邊品酒邊欣賞風景。另一個右側為簡餐區，提供給以吃甜點為主的客人，建議可以點披薩，現烤的口感酥酥脆脆，用料實在非常好吃。

1.坐在河岸邊欣賞風景令人愜意不已／2.餐前小菜／3.義大利麵的醬汁非常濃厚

www.canalcafe.jp｜〒162-0825東京都新宿區神樂坂1-9｜(03)3260-8068｜週一～六11:30～22:00，週日、國定假日11:30～21:30｜休 不定休

近百年的和菓子老舖
梅花亭

1a出口
步行約4分鐘

日本和菓子的發展大約從江戶時代開始，其特色之一是隨著季節變化而改變造型，並使用不一樣口味的原料去製作，小小一個相當精緻，味道也是跟著每間店有所不同。

這間位在神樂坂的梅花亭，從1935年開業至今將近百年，一開始並不是開設在此，但經過了戰爭及世事轉變，最後在神樂坂定下來，不變的是持續多年都為了美味的日式和菓子專心選料與製作。

這裡的和菓子的外皮濕潤，紅豆內餡煮的恰恰好，絕對讓你吃一口意猶未盡。因為店內的商品都是在店舖自己的廚房製作的，因此看到架上的商品缺貨的話，只要跟老闆講就能現場做出來。

1.銅鑼燒是店內人氣美食／2.簡約日式風的店門口

www.baikatei.co.jp｜〒162-0825東京都新宿區神樂坂6-15｜(03)5228-0727｜10:00～19:00｜休 不定休｜$ 豆大福270日幣、銅鑼燒324日幣

日本抹茶甜品人氣店
神樂坂茶寮
1a出口 步行約8分鐘

神樂坂茶寮在東京2間店，從第一間店鋪開業至今約有20年左右，店內販賣各種抹茶相關飲品、甜點、定食，假日時常需要排隊的人氣美食店之一。光甜點就提供好幾種選擇，抹茶口味的聖代、冰淇淋、蒙布朗。如果有機會坐在吧檯區，就能看到甜點師會在這裡製作每一個甜點，非常推薦一定要點蒙布朗，精緻又好吃。如果擔心會太甜的話，可以點無糖的茶飲來沖淡甜味。

若想要吃鹹食可以點定食套餐，豆乳烏龍麵或是豆乳燉肉等都很下飯，分量剛好吃起來沒負擔。

1.豆乳定食套餐／2.必點的抹茶甜點／3.店門口

[http] saryo.jp ｜ 〒162-0825東京都新宿區神樂坂3-1 ｜ (03)3266-0880 ｜ 11:30〜22:00(最後點餐21:00) ｜ 休 不定休 ｜ $ 1,000〜2,000日幣

東西線　神樂坂　九段下

來自法國的人氣甜點店
Aux Merveilleux de Fred
1a出口 步行約1分鐘

來自法國的人氣甜點店Aux Merveilleux de Fred，2018年選擇在日本神樂坂開了亞洲第一間分店。法式蛋白霜脆餅是店裡最有名的甜點，拿起來的手感有如空氣般的輕巧，吃起來脆脆的且甜味十足，一小塊分量很剛好。

店內美麗的大吊燈，據說其他海外店鋪也同樣擺設，而左側有一大櫃的甜點，廚師在後方的廚房內製作。櫃位上讓人最心動的甜品是蛋白霜蛋糕，巧克力、草莓、白巧克力都是人氣口味。因為蛋白霜甜點怕潮濕不能久放，所以架上不會出現太多，店家會適時補上。

1.1樓有許多現做甜點／2.店內最熱門的甜點法式蛋白霜脆餅

[http] auxmerveilleux.com/ja ｜ 〒162-0825東京都新宿區矢來町107-2 ｜ (03)5579-8353 ｜ 09:00〜19:00 ｜ $ メルベイユ法式蛋白霜脆餅360日幣

東西線／Tozai Line

07 九段下
Kudanshita

◀ 飯田橋 Iidabashi　　竹橋 ▶ Takebashi

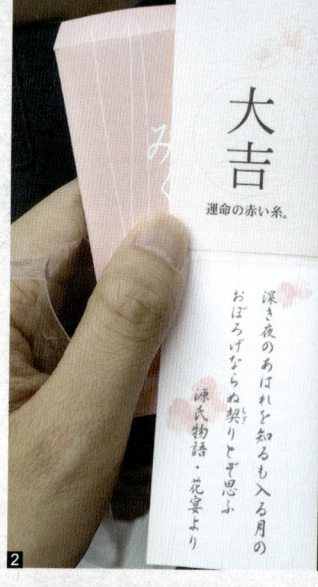

九段下車站坐落於千代田區皇居西側，附近景點眾多，如武道館、千鳥淵公園等，提供親近大自然的絕佳場所。每到櫻花季節，這兩地都吸引著大批遊客，滿目的櫻花樹交織成絢爛的風景，美不勝收。

此外，附近還有夏季燈會聞名的靖國神社和拜求姻緣著稱的東京大神宮。這兩處神社不僅歷史悠久，而且充滿神祕氛圍，吸引著眾多參拜者。不妨可以花上半天的時間，深入探訪這些景點，感受歷史與自然之美。

轉乘資訊
半藏門線、都營新宿線

九段下站周邊街道地圖

188

東西線

神樂坂　九段下

1.車站出來就能看到皇居的城牆／2.東京大神宮有戀愛籤詩可以抽／3.車站旁的昭和館值得參觀／4.庭園造景非常舒服／5.小石川後樂園美麗的花窗／6.秋季時可以賞楓／7.武道館也在車站旁的北之丸公園內／8.靖國神社夏日有祭典／9.夏季護城河有大片荷花池 (3,5,7圖片提供／Eric)

在地推薦
千鳥淵公園
有著能看櫻花與愜意划船的千鳥淵公園，這裡的櫻花約有170棵，每棵都歷史悠久，櫻花滿開的盛況美的讓人目不暇給。(見P.191)

遊客必訪
NOODLE MEISTER GENK 源九
貝類口味拉麵，味道清淡順口，麵條也是店主親自手作，吃得出來老闆對拉麵及食材相當講究。(見P.192)

作者最愛
東京大神宮
想求一段好良緣？這裡因為是神前婚禮的創始地，再加上供奉的神明跟姻緣有關，因此成為許多女性來拜拜的戀愛神社。(見P.190)

1.假日時常都需要排隊／2.仔細看門上有小愛心／3.在這裡有許多跟戀愛有相關的御守與籤詩／4.正殿

戀愛超靈驗必去景點

7號出口
步行約7分鐘

東京大神宮

　想要增加桃花運？想要找到愛你的阿娜答？那一定要來東京大神宮！

　1880年創建於日比谷地區，而後遷移至現今位置，已有100年以上的歷史。作為日本三重縣很有名伊勢神宮的遙拜殿（如同分社），據說在拜戀愛、財運上、工作、考試等都非常靈驗，被稱為東京五社之一。

　這裡之所以會成為有名的戀愛神宮是因為祭祀著掌管男女姻緣的「造化三神」，並且是神前婚禮的創始神宮，因此聲名大噪，許多年輕女子想要求一段好良緣就會來這裡拜拜。

　神社有準備多款籤可以抽，對自己的愛情有煩惱的話，來這裡抽一支籤讓神明為你指一條路吧！因為東京大神宮在海外也相當有名，神宮內還特地有準備英文跟中文的籤，讓海外來的旅客也能無障礙了解籤詩上的意思。

　假日很有可能會需要排隊一下才可以參拜，想要避開人潮的話推薦可以早一點來。拜拜完之後可以前往賣御守的地方，結緣鈴蘭御守(縁結び鈴蘭守り)這款御守是東京大神宮內相當有名的一款。如果已經有另外一半的人，想要好好守護自己的幸福，則可以買戀愛成就御守(幸せ恋守り)，為自己的戀愛增加神明的保佑。

reurl.cc/eLgj8m ｜ 〒102-0071東京都千代田區富士見2-4-1 ｜ (03)3262-3566 ｜ 06:00～21:00、御祈禱08:00～19:00、御朱印09:00～17:00 ｜ 飯田橋站A5出口步行3分鐘

東京最古老日式庭園
小石川後樂園

7號出口 步行約13分鐘

在熱鬧繁華東京都內,有這麼一處優美日式庭園「小石川後樂園」,在庭園內能夠看到一小部分的東京巨蛋,有種新舊時代結合的美感。

小石川後樂園在1629年由水戶德川家二代藩主所建成,當時受到中國儒家文化影響,在庭園內有許多小山、流水,造景都是參照中國名勝古蹟所設計的。後樂園名字取自宋代大文豪范仲淹的名言「先天下之憂而憂,後天下之樂而樂」,和中國古代文化有很深的關係。

小石川樂園內總有種莊嚴寧靜的氣氛,隨著四季的變化能夠欣賞梅花、櫻花、綠樹、紅葉,每個時期去都有不一樣的感受。

1.紅葉季風景／2.從小石川樂園可以看到東京巨蛋

> myppt.cc/6aCBK6 | 〒112-0004東京都文京區後樂1-6-6 | (03)3811-3015 | 09:00～17:00(最後入場16:30) | 休 12/29～1/1 | 一般300日幣,65歲以上150日幣,小學以下免費 | 飯田橋站A1出口步行6分鐘

東西線 | 神樂坂 | 九段下

賞櫻超熱門景點
千鳥淵公園

2號出口 步行約3分鐘

千鳥淵公園位在皇居西側旁,每到櫻花季就會吸引大批旅客前來一探櫻花美。沿著壕溝兩岸生長的櫻花樹,樹木大到會垂到接近壕溝,櫻花盛開時相當茂密,搭配下方愜意划船的人們,如夢如幻的情境如一幅畫。靠近武道館跟公園入口處這一方向還能拍到櫻花和東京鐵塔的美景,許多人都會在此排隊拍照。

櫻花樹大約有170棵,主要為日本山櫻跟染井吉野櫻,櫻花顏色偏淡。公園雖然不大,但要從頭走到底需要一些時間。若時間足夠也可以考慮去排隊划船,從壕溝由下往上看櫻花又會是不一樣的美麗風景。

1.有時間的話很建議划船賞櫻／2.從天橋看馬路兩旁全都是美麗櫻花

> reurl.cc/aLDlN3 | 〒102-0083東京都千代田區麴町1-2 | (03)5211-4243

191

東京櫻花熱門景點
靖國神社

1號出口 步行約7分鐘

　每年3月下旬是靖國神社在境內的櫻花的最佳觀賞季節，從神社大門一路往內殿方向延伸，道路兩旁都是染井吉野櫻和山櫻，大約有500棵的櫻花樹，數量相當可觀。境內的櫻花樹歷史悠久，每一棵的都開得非常盛大，其中還有3棵樹木被定為標本木，每年預測東京何時開花都會參考這3棵的時間，並在開花時宣告東京櫻花開花了。

　靖國神社的建造是為了祭拜因戰爭死去的軍人們，在歷史課本中時常會被提到的地方就是這裡。這裡櫻花盛開時非常美麗，是東京都內很好可以到的賞櫻景點，推薦可以和千鳥淵公園一起逛！

reurl.cc/VNoaRy｜〒102-8246東京都千代田區九段北3-1-1｜(03)3261-8326｜11〜2月06:00〜17:00，3〜10月06:00〜18:00

1.靖國神社內／2.靖國神社門口

醬油風味的美味拉麵
NOODLE MEISTER GENK 源九

7號出口 步行約2分鐘

　這間GENKI拉麵店就藏身在九段下的巷弄裡，使用了貝類熬製的醬油與鹽味湯底，且不加過多的調味料，清爽好吃！

　在拉麵上會放幾片用低溫調理的國產雞肉片，肉質柔軟不會乾柴感。在調味料的選用上也相當注重，使用的是沖繩的鹽巴，以及小豆島的醬油。店主認為食材來源的選用很重要，也因此在拉麵店取名上使用了「源」字當店名。

　麵條也是由自家製成，有時候在店內用餐可以看到老闆正在擀麵條。建議避開中午時段去，比較不需要排隊。

1.美味拉麵／2.店招牌／3.店內環境

reurl.cc/5dGd6M｜〒102-0073東京都千代田區九段北1-8-3｜(03)6265-6513｜平日11:00〜22:00；週末11:00〜15:00｜國定假日｜1,000日幣左右

東京特寫

夏季燈會御靈祭

1.因時間近七夕祭祭典會掛上七夕彩球／2.一進門口就能看到大片燈籠非常壯觀／3.正殿

七夕祭小補充

吹流帶代表了織女的織線，因此掛上「吹き流し」象徵著向織女致敬並祈求她的庇佑。吹き流し通常是五彩的，這些顏色不僅為慶典增添了色彩，也有吉祥的含意，代表健康、成長、繁榮等各方面的好運。此外，由於織女是一位擅長織布的仙女，掛上象徵織線的吹き流し也象徵著對技藝上進步的願望，特別是在裁縫和手工藝方面。

東西線

神樂坂　九段下

靖國神社為了悼念因為戰爭而逝去的人們，夏季燈會御靈祭從1947年開始在靖國神社舉辦，為期舉辦大約4天左右。從神社門口的大型燈籠一路延伸到神社的後院小型燈籠，數十萬盞的黃色燈籠相當壯觀。現今的御靈祭成為東京夏季非常熱門的燈會之一，許多流動攤販會來這裡擺攤，各種日式小吃都能在這裡找到，宛如夜市般的熱鬧。除此之外在過去還會找一些日本各地有特色的傳統表演至現場熱鬧氣氛，但在疫情之後規模有變小，有一些活動隨著每年的情況可能會有些許變化。

現場的燈籠都是由日本各方人士捐獻，仔細看就會發現燈籠上寫著各個不同公司或是個人的名字。往靖國神社的後院前進可以看到小型燈籠上寫的則是一些詩詞名言，也是相當具風情。

夏季燈會御靈祭舉辦的時間也剛好接近日本的七夕祭，因此在神門上會掛上來自七夕吹流的祝福掛飾。

雖然靖國神社在過去歷史上存在許多爭議，但單純來體驗夏季盛典的話，很推薦一定要來一次御靈祭。

193

有樂町線／Yurakucho Line

21 月島
Tsukishima

◀ 新富町 Shintomicho　　豐洲 Toyosu ▶

月島站周邊街道地圖

月島站以其著名的文字燒美食街聞名，吸引了數十家文字燒店在此開店。這裡成了海內外老饕趨之若鶩的美食勝地，他們特地前來品嘗正統日式文字燒的美味。月島站地處隅田川旁，沿著河畔漫步，還能欣賞到令人陶醉的河畔風光。

下午時分，可以逛逛附近的住吉神社，沿著隅田川河畔散步，接著再去品嘗美味的文字燒，感受悠閒愜意的氛圍。無論是食慾的享受，還是河畔的寧靜，月島站都是一處值得花時間慢慢品味的旅遊勝地。

轉乘資訊
都營大江戶線

194

有樂町線

月島 豐洲

1.月島站有非常多間文字燒名店／2.這裡還有貓頭鷹店／3.可以買文字燒材料包回家(圖片提供／Eric)／4.店內可以自己動手做文字燒／5.熱賣的菠蘿麵包／6.這裡的商店街晚上會比較熱鬧／7.番茄口味的文字燒，會把全部食材裝在碗裡／8.住吉神社是當地漁民時常去的神社／9.推薦可以買菠蘿麵包

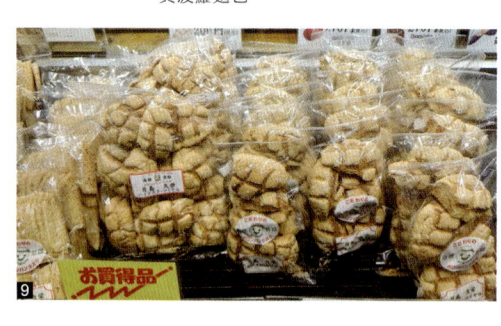

在地推薦

Fukuro No Mise

有數隻超級可愛的貓頭鷹在店內迎接每一位到訪的客人，有大有小，且每一隻都可以跟牠互動，讓牠站在你身上喔！(見P.197)

遊客必訪

月島久榮

超熱門現烤菠蘿麵包店，據説每天能賣到1,000個。現烤的菠蘿麵包非常大，熱呼呼鬆軟的口感讓人吃了讚不絕口。(見P.199)

作者最愛

隅田川散步道

可以看到隅田川與東京城市的河堤，被政府規劃成美麗的散步道，還能散步到築地，也能看到晴空塔，非常美麗。(見P.196)

195

歷史悠久的人氣神社
住吉神社

6號出口 步行約5分鐘

距離月島站僅5分鐘腳程的住吉神社，是保佑利益與航海安全的神社，想要祈求航海安全、開運出世、金運上昇、學業成就、健康平安等的都能來這裡拜拜。

之所以會成為跟航海安全有關的神社是因為在過去德川家康來到江戶地區時，帶了一群從事漁業的人來，並在此填海造陸，順此建造了住吉神社，作為鎮守這個地區的神，也因此成為守護航海安全的知名神社。

神社在1646年建造完成，境內的鳥居、匾額、獅子頭等設計和物件，都成為中央區民文化財，相當有歷史意義。

1.神社鳥居／2.洗手亭頗有古味

reurl.cc/80Ve1M ｜ 〒104-0051 東京都中央區佃1-1-14 ｜ (03)3531-3500 ｜ 神社24小時、社務所08:00～16:30

超舒服隅田川河川景色
隅田川散步道

5號出口 步行約5分鐘

月島站靠近東京港的出海口，隅田川沿途從荒川分流出來，一路經過南千住、淺草、人形町、月島等好幾個有名的大站，往東京港流向大海。在沿途這幾段路線政府規劃出可以散步的隅田川散步道，能欣賞美麗的隅田川與東京大樓林立的風景，到了黃昏時刻特別有氣氛。

隅田川散步道上是許多周邊居民喜歡運動的地方，時常看到牽著狗狗來散步或慢跑的人在此活動。從月島站僅需5分鐘就可以走到隅田川散步道上，來月島吃文字燒之前不妨可以先來這走走，感受東京的河川美景。

reurl.cc/Xqbx4e ｜ 東京都中央區月島1丁目

1.沿途風景幽靜也更添愜意／2.河川風景可以看到很多野生小動物

超可愛貓頭鷹咖啡廳
Fukuro No Mise

10號出口 步行約1分鐘

　想跟貓頭鷹短暫相處嗎？這間超特別的貓頭鷹咖啡廳，在店裡能一次接觸到數十隻的貓頭鷹，一進來就能看到一大排貓頭鷹睜大眼睛在門簾後迎接客人，動作一致的樣子超級可愛。因為品種不同的關係，貓頭鷹的毛色都非常不一樣。

　在店內的消費為每小時2,000日幣，入場費包含1杯飲料與一些小餅乾，能跟貓頭鷹互動，讓貓頭鷹站在肩膀或是手臂上。老闆用心的照顧每一隻貓頭鷹，這些貓頭鷹也都非常聽老闆的話，想跟哪隻貓頭鷹特別互動，先跟老闆說他還能幫忙準備喔！

http reurl.cc/yYaWkM｜〒104-0052東京都中央區月島1-27-9｜週三、四14:00～18:00，週五14:00～21:00，週六12:00～21:00｜休 週一、二｜$ 2,000日幣

1.店內貓頭鷹們／2.可以讓貓頭鷹站在肩膀上拍照

有樂町線

月島　豐洲

好吃文字燒聚集地
月島西仲通商店街

7號出口 步行約5分鐘

　月島站7號出口出來有一條月島文字燒街，這裡有約50間左右的月島文字燒、居酒屋店。

　據說從1945年二戰過後開始，原先的文字燒只是給小孩子吃的零食，單純僅用小麥粉跟水，用鐵板做成。在1950年左右因為日本流行起洋食，經過許多飲食文化的融合，使用了逐漸發展成大人們也會吃的鐵板料理，成為人氣美食。

　1980年代左右越來越多店家看文字燒店鋪成功的緣故，開始聚集在月島此處，演變成現今的月島文字燒街。

http monja.gr.jp｜東京都中央區月島1-3

1.一番街入口／2.月島西仲通商店街同條路上有一番街跟二番街

藝人們愛去的文字燒店
Maguro家

7號出口 步行約2分鐘

Maguro家已經開業多年且有兩家分店，據說是許多藝人與運動選手會喜歡來的人氣店鋪，假日來的話很會需要排隊。

店鋪內的氣氛非常有昭和感，文字燒主要是以大量高麗菜、麵糊水、豬肉片，並加入喜愛的料，透過鐵板煎煮拌炒，用鍋鏟翻炒切末等等的一連串做法，就能變成美味好吃的文字燒。

除了在賣文字燒之外，有別於其他文字燒店家還有賣生魚片，想要同時享用的話就很適合來Maguro家。推薦可以點鮪魚口味的文字燒，帶有魚肉口感滿特別又好吃。

1.製作完成品，這樣就可以吃了／2.具有昭和風格的店內環境／3.店家會送出食材，需要顧客自己動手做

maguroya.tokyo/index.html｜〒104-0052東京都中央區月島1-20-5(月島西仲店)、〒104-0052東京都中央區月島3-7-4(本店)｜月島西仲店(050)5868-5635、本店(050)5869-9012｜11:30～23:00(最後點餐22:15)｜納豆口味850日幣、坂井SPECIAL 1,550日幣、午餐1,000～1,999日幣、晚餐3,000～3,999日幣

擁有3家分店的好吃文字燒
Bambi

10號出口 步行約2分鐘

Bambi共有3間店，每一間店都是高朋滿座，到了假日時常需要排隊。店內特別注重排煙，在每一桌都加裝排煙裝置。店家的文字燒菜單非常多，在牆壁上貼著人氣菜單排行榜，不知道要點哪個好的話可以點看看人氣款！

個人最喜歡明太子起司麻糬口味，明太子配上大量的高麗菜跟麻糬，味道絕搭，是我每次來吃文字燒時絕對必點的口味。

除此之外Bambi還有番茄口味的文字燒，吃起來比較清爽，是店家的推薦菜單之一，怕吃的太膩的話，其中一個可以點看看這款。

1.每一桌都有排煙裝置讓店內環境保持舒適／2.非常推薦必點明太子口味

reurl.cc/bDoqmM｜〒104-0052東京都中央區月島3-4-5｜(03)3536-6668｜平日12:00～23:00，週末、國定假日11:00～23:00｜文字燒760日幣起，午餐、晚餐2,000～2,999日幣

現烤好吃的菠蘿麵包
月島久榮
7號出口 步行約2分鐘

月島站除了有文字燒外,這間現烤好吃的菠蘿麵包店也是一大熱門美食,曾受到多家電視節目採訪,每到假日門口都非常多人,據說每天會賣超過1,000個麵包。月島久榮最大特色是所有的麵包都是現烤好的,熱呼呼外酥內軟的口感讓許多吃過的人都說是吃過最喜歡的菠蘿麵包。

此外還有蘋果派、巧克力派、地瓜派等,也有賣麵包酥皮烤成像餅乾那樣,熱量應該不少,但是超級好吃,一不小心會吃太多。

1.每個菠蘿麵包一出爐很快就會被買走囉／2.各種派讓人垂涎欲滴／3.現烤麵包專賣店

http reurl.cc/E4vWaA ｜ 〒104-0052東京都中央區月島1-21-3 ｜ (03)3534-0298 ｜ 10:00～22:00 ｜ 不定休 ｜ 菠蘿麵包220日幣

有樂町線
月島
豐洲

當地熱門海鮮居酒屋
魚仁
10號出口 步行約2分鐘

這間海鮮居酒屋在月島相當有人氣,食材新鮮,分量大且便宜,吸引許多上班族下班後來這裡小酌一杯,一開門沒多久就會客滿。店家裝潢非常復古,可以看出已經開業多年,簡單的桌椅還有老闆的手寫菜單海報,是東京很少可以看到的店面。

很推薦的生魚片拼盤,超大一份只要2,000日幣,就算4個人吃分量也很足夠,絕對物美價廉。店家的海報因為都是日文,來此用餐得懂一點日文,才可以更簡單點餐,或是打開google相片指給店家看,也可以順利點到餐！

1.店內環境牆壁周圍貼滿了老闆的手寫海報,別有一番用餐氣氛／2.分量充足的生魚片拼盤／3.店門口會有賣海鮮的攤位

〒104-0052東京都中央區月島3-12-5 ｜ (03)3532-6601 ｜ 17:00～23:30

199

有樂町線 / Yurakucho Line

22 豐洲
Toyosu

◀ 月島 Tsukishima　　辰巳 ▶ Tatsumi

豐洲站周邊環繞著眾多高聳的豪華住宅區，居住環境優越、生活機能完善，吸引了不少注重生活品質的居民。豐洲附近有一條風景秀麗的隅田川河岸步道，非常適合悠閒散步。

這裡的Lalaport購物中心匯集了大量品牌店、餐廳和娛樂設施，是當地居民和遊客消費、休閒的好去處。除了購物和散步，豐洲還有許多親子友善的設施和文化活動場所，適合家庭出遊。

如果有機會到訪東京，豐洲無疑是值得一遊的地點，來感受一下這個富人住宅區的獨特魅力，享受豐富的都市生活與自然風光。

豐洲站周邊街道地圖

轉乘資訊
百合海鷗線

1.豐洲市場近年在這裡開業，有許多築地市場的店鋪都搬過來／2.可以看到市場作業中的樣子／3.在這裡可以吃到美味壽司／4.大和壽司是當地有名的壽司店

海鮮老饕必去景點
豐洲市場
7號出口 步行約21分鐘

過去東京最大的鮮魚市場是築地市場，但為了擴大經營，就在豐洲市場蓋了新建築，規模比築地還要大。

每日5點新鮮的各種漁獲都會在這裡販賣，在1樓還會舉辦熱門的鮪魚拍賣會，需要鮮魚的商家就會來此競價。如果想看一次拍賣會的話得提前上網抽籤預約，抽到籤則需要在當日早上5:55分在豐洲市場囉！

豐洲市場總共有3大棟，其中有近50間的餐廳，生魚片、海鮮丼、貝類等，各種最新鮮的料理都能在此享用，是許多老饕們會來此一探海鮮美食的寶藏地。

1. 現代化建築的豐洲市場／2. 數十家店家的餐飲區

www.toyosu-market.or.jp｜〒135-8614東京都江東區豐洲6-6-1｜(03)3520-8205｜05:00～15:00｜不定休｜百合海鷗線「市場前」站2A出口，步行2分鐘

好吃好買好風景
LaLaport 豐洲
2b出口 步行約3分鐘

位在豐洲車站附近的LaLaport是這附近非常熱門的購物商場，裡面有許多服飾與居家店鋪，像是無印良品、大創百元商店、niko and…等店面都能找到，餐廳跟美食街也有許多美食供你享用，如果逛累了還有還可以去GODIVA買一杯巧克力飲料，幫自己補充元氣。

LaLaport商場外圍是漂亮的河堤風景，有許多草皮跟階梯可坐下來休息，許多日本人都會帶狗狗或是小孩來這裡放風玩耍。到了夕陽西下時刻天空會變成橘紅色，配上大城市的高樓風景，非常漂亮。

1. 購物中心／2,3. 購物中心內有眾多品牌設櫃於此

reurl.cc/80V7yd｜〒135-8614東京都江東區豐洲2-4-9｜(0570)077-732｜商品區10:00～21:00、美食街11:00～21:00、餐廳11:00～23:00｜不定休

有樂町線

月島　豐洲

201

1.豐洲場外 江戶前市場的復古風設計／2.店家的招牌看起來很有日本氣息／3.東京豐洲萬葉俱樂部的10露天泡腳區(付入館費才可進入)／4.露天泡湯區

豐洲千客萬來

豐洲市場周邊可享受溫泉的新景點

百合海鷗號「市場前站」步行約4分鐘

來到豐洲除了可以去豐洲市場吃美味的海鮮之外，現在新開了豐洲千客萬來的設施，在這裡分兩個區域，第一個是以江戶風格為概念的食樂棟「豐洲場外江戶前市場」在這裡有來自日本各地的名店，還有可以飲用日本酒的店，店鋪非常豐富，但價格上感覺稍微偏貴。另外一個區域則是能泡湯與住宿的「東京豐洲萬葉俱樂部」這裡溫泉來自箱根湯河原溫泉，每日從箱根直送，相當費功夫。

東京豐洲萬葉俱樂部內住宿有分兩種，其中一種是可以預訂客房，另外則是在泡湯區休憩空間待到早上，如果選擇客房的話每日價格不定，須上官網確認。

www.toyosu-senkyakubanrai.jp | 〒135-0061東京都江東區豐洲6-5-1 | 店鋪10:00～18:00、展望足湯庭園10:00～20:00、餐廳10:00～22:00

東京豐洲 萬葉俱樂部

類型	入館費用(0:00～深夜03:00)	深夜追加費用(深夜3:00以後，可停留至早晨0:00)
成人(國中生以上)	3,850日幣	追加 3,000日幣
兒童(學生)	2,000日幣	追加1,500日幣
幼兒(至學齡前)	1,400日幣	追加1,500日幣
未滿3歲	免費	免費

※全包優惠入館費(ル得セット入館料)含入浴費用、浴衣、浴巾、毛巾、館內使用費等費用的優惠價格。
※需另支付150日圓的入湯稅。(滿12歲不課稅)
※禁止有紋身或貼有紋身貼紙以及人體彩繪的人士入館。但如是能遵守本館所設規定者，亦可入館。詳情請諮詢本館的工作人員。

豐洲市場人氣壽司店
大和壽司

7號出口 步行約17分鐘

位在豐洲市場青果棟1樓的大和壽司是從築地市場搬來的超級人氣壽司店，過去築地時代是前兩大熱門壽司店，每天都是大排長龍，許多海外旅客一下飛機就會前來排隊。2018年來到豐洲市場後，超級熱門度依然不減。雖然要排隊但是換桌率滿高的，排隊時間還算快速。

店內能吃到每日新進貨的生魚片，點餐方式很簡單，有選擇障礙的可由店家直接幫你選，或是自己告知喜歡吃什麼魚。老闆直接做給你的，保證每一款壽司都超新鮮，又厚又新鮮的生魚片，每吃一口都是享受。

reurl.cc/OGoDp9 ｜ 〒135-0061東京都江東區豐洲6-3-1 ｜ (050)3144-0220 ｜ 06:00～13:00 ｜ 週日、國定假日、市場休息日 ｜ 套餐6,600日幣 ｜ 百合海鷗線「市場前」站2A出口，步行3分鐘

1.吧台區可邊欣賞壽司師傅做壽司的樣子／2.壽司會一樣一樣送上來／3.超新鮮的海膽

鬆軟綿密的蛋包飯人氣店
Salon Tamago to Watashi

2b出口 步行約3分鐘

位在LaLaport豐洲店3樓的人氣蛋包飯餐廳「Salon Tamago to Watashi」，不管幾點去都很有機會需要排隊，可想而知這間店有多受歡迎。

店內最受歡迎的人氣美食是蛋包飯，大約有5種口味，蛋煎得又澎又大，切下去的時候還可以看到帶有泡泡的雞蛋內餡。口感非常濕潤，味道也相當足夠！

帶有一點歐風的復古裝潢，暖色系的燈光讓人感到安心。除了蛋包飯之外，鬆餅也是這間店的人氣美食，分量滿大一份。

1.蛋包飯的蛋非常鬆軟／2.餐廳環境

reurl.cc/G4YDAp ｜ 〒135-8614東京都江東區豐洲2-4-9 3F ｜ (03)6910-1220 ｜ 11:00～23:00 ｜ 不定休

有樂町線

月島　豐洲

都營淺草線／Toei Asakusa Line

09 大門
Daimon

◀三田 Mita　　　新橋 Shinbashi ▶

　大門站位於東京鐵塔附近，是東京市中心的樞紐，交通極為便利，擁有都營淺草線和都營大江戶線的通行。周邊景點眾多，包括增上寺、東京鐵塔、舊芝離宮恩賜庭園、芝公園等，皆是具有悠久歷史的景點。若想捕捉東京鐵塔最清晰的美景，更絕對不能錯過大門站。

　在這裡，不論走到哪裡，都能欣賞到東京鐵塔的迷人風姿，各種角度任君挑選，是攝影愛好者的絕佳場所。沿著大門站附近的街道漫步，感受東京的繁華和歷史交融的迷人風情。

大門站
周邊街道地圖

轉乘資訊
都營大江戶線

都營淺草線

大門　藏前

1.櫻花季時可以同時看到美麗櫻花和東京鐵塔／2.東京鐵塔展望台內有透明地板，非常刺激／3.夜晚點燈後的東京鐵塔很迷人／4.好吃的炸豬排／5.想不到在都市內也可以有這樣美麗的庭園造景／6.在花園塔酒吧能找到東京鐵塔造型酒／7.夜晚的東京鐵塔很氣派／8.綠意盎然的都市景色

在地推薦
增上寺
　　增上寺一年四季景色都有不同變化，櫻花季、紅葉季都非常熱門。寺內還有德川將軍家的墓，許多歷史愛好者會特地來探訪。(見P.208)

遊客必訪
東京鐵塔
　　站在日本第一個電波塔眺望整個東京無限美景，塔內還能看到東京23區內所在地最高的鐵塔大神宮，有賣許多可愛的御守。(見P.206)

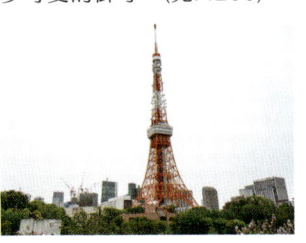

作者最愛
花園塔酒吧
　　4星級東京皇家王子大飯店花園塔內的33樓有高級酒吧，能看到漂亮的東京鐵塔，邊欣賞美景邊喝好喝的調酒，相當浪漫。(見P.209)

205

1.這裡是知名賞櫻花的聖地／2.日本兒童節的裝飾

A6出口
步行約10分鐘

東京第一代表性地標
東京鐵塔

　東京鐵塔作為電波塔，於1958年建造而成，全高為333公尺，目前是日本第二高的建築。近年來因為晴空塔完工的關係，改為備用電波塔，主要幾個電波交由晴空塔發送，如果晴空塔無法發送電波時才會由東京鐵塔發送。

　東京鐵塔的紅白色的外觀非常醒目，會使用如此特別的配色是因為讓飛機能夠清楚看見，避免撞上。到了晚上時段東京鐵塔還會點燈，夏季時會是偏白的光，冬季則會是暖色燈，偶爾還會出現特別的彩色燈光，夜晚點燈後整座鐵塔非常迷人。

　東京鐵塔的內部有兩個可以展望東京的付費展望台，可以搭電梯上去，分別在150公尺的MAIN DECK與250公尺的TOP DECK。在MAIN DECK的地方有個非常特別的鐵塔大神宮，是東京23區內最高的神社，主要在拜戀愛成就與合格祈願。因為位在最高處的關係，許多想要成績獲得高分的學生們會特地來此拜拜，現場還有販售御守，喜歡收集御守的話一定要記得去找看看。

　此外，如果對爬樓梯有興趣的話，展望台可從鐵塔外的樓梯走上去，有別於一般走室內樓梯的經驗，很是有趣及特別，不過冬天可能會比較冷，記得穿溫暖一點再來爬！

> www.tokyotower.co.jp ｜〒105-0011東京都港區芝公園4-2-8｜(03)3433-5111｜MAIN DECK(150公尺)09:00～22:30(最後入場22:00)、TOP DECK TOUR(150公尺&250公尺) 09:00～22:15 (最後入場21:30～21:45)｜$ MAIN DECK：成人1,200日幣、高中生1,000日幣、兒童(國中、小學生)700日幣、幼童(4歲以上)500日幣

1.玫瑰花季節很受歡迎／2.粉蝶花季節時的芝公園

欣賞東京鐵塔的好地點

A6出口 步行約5分鐘

芝公園

1873年開始營運，是東京五大公園之一。這裡最初屬於增上寺的境內公園，爾後增加了運動設施、休憩區、遊樂器具等設備，演變成一個無宗教色彩的都立公園。芝公園在現代成為許多人喜歡去野餐散步的地方，遠方有東京鐵塔相伴，隨著季節也會有所變化。

在公園內的櫻花樹約有兩百多棵，每到櫻花季盛開時就能拍到東京鐵塔與櫻花樹的美麗風景照。除此之外夏季也能找到繡球花、玫瑰花、荷花玉蘭，秋季則是有大片紅葉、銀杏能夠欣賞，對於喜愛賞花或是拍花景照的旅客們來說，芝公園真的是非常好逛的公園。

逛累的話還可以去周邊的東京皇家王子大飯店花園塔吃個下午茶，邊滿足味蕾的需要、邊欣賞美麗的東京鐵塔。

芝公園建造得早，在過去是由日本第一位造景設計師長岡平安設計芝公園的噴水池、舞台、咖啡廳等現代設施，在當時可說是非常摩登。可惜經歷了關東大地震與戰爭之後，目前僅留下楓葉谷這部分還能看到過去的遺跡。若是時間足夠的話，不妨來此逛個一圈，感受日本第一個古老公園的氣息。

http www.tokyo-park.or.jp/park/siba/index.html｜〒105-0011東京都港區芝公園4-10-17｜(03)3431-4359｜入園免費，部分施設收費

都營淺草線

大門 藏前

207

富有歷史意義的寺廟
增上寺

A6出口 步行約5分鐘

增上寺在1393年建造在千代田區，之後經歷過搬遷，才移動到現在的地方。增上寺為淨土宗寺院，祀奉著阿彌陀如來與南無阿彌陀佛，從建造好到現在已有600年歷史，每到過年期間都會湧入相當多的人潮來參拜。

增上寺境內有許多可以逛的地方，像是德川將軍家墓跟寶物展示室，不定期會展出不一樣的東西。增上寺也是非常熱門的賞櫻花景點，垂櫻、染井吉野櫻等櫻花都能在此找到。因為這裡很接近東京鐵塔，可以拍到東京鐵塔與櫻花的絕搭美景；秋季來的時候能欣賞到美麗的紅葉，每個季節都有不一樣面貌。

1.櫻花季時非常受歡迎／2.有許多地藏王菩薩

www.zojoji.or.jp｜〒105-0011東京都港區芝公園4-7-35｜(03)3432-1431｜本堂06:00〜17:30、安國殿09:00〜17:00

歷史悠久的日式庭園
舊芝離宮恩賜庭園

B2出口 步行約2分鐘

舊芝離宮恩賜庭園同樣是歷史悠久的日式庭園，從江戶時代就建造於此。在過去此處曾是大海，在1655年左右填好造陸，爾後成為大久保忠朝的府邸。後來在1875年被宮內省買下，也就是現在掌管天皇與皇宮的事物的部門，成為芝離宮。

舊芝離宮恩賜庭園是屬於回游式庭園，能在庭園內繞一圈，欣賞各種造山花景。庭園內因為種植各式各樣不同的花卉樹木，能欣賞到季節變化之美。其中在舊芝離宮恩賜庭園在紅葉季節相當熱門，約有220棵紅葉能夠欣賞，若是剛好在秋季來到東京，非常推薦可以來這裡走一趟。

園內有非常多綠色植物，可以坐在池塘邊休息

reurl.cc/OGaq6A｜〒105-0022東京都港區海岸1-4-1｜09:00〜17:00(最終入場16:30)｜12/29〜1/1｜一般150日幣、65歲以上70日幣(小學生以下免費)

炸豬排老舖
炸豬排 檍
A2出口 步行約3分鐘

位在大門站的炸豬排檍，是東京都內非常有人氣的豬排店，本店位在蒲田站。從2010年開業至今擁有9家分店。這家炸豬排店從2017年開始連續5年被選為Tabelog的百名店，深受客人們愛戴與肯定！

因為真的太受歡迎了，基本上正餐時間一定需要排隊，想要來吃炸豬排的話最好多預留點時間。店內的炸豬排定食套餐價位約在1,500日幣起跳，貴一點的也頂多2,000日幣，實在相當親民的價格。如果對豬排咖哩有興趣的話，也可以點來吃吃看，只要1,200日幣。大概是這間店時常有外國人也會來捧場，點餐機旁有準備外國語言的菜單。

1.現炸的豬排每一片都非常厚實／2.店門

http tonkatsu-aoki.com｜〒105-0013 東京都港區浜松町1-11-12｜(03)5473-6403｜11:00～15:00、17:00～21:00｜週日、一｜套餐1,500～2,000日幣

欣賞東京鐵塔的最佳酒吧
花園塔酒吧
A6出口 步行約9分鐘

位在大門站步行約9分鐘左右的地方有這間東京皇家王子大飯店花園塔，是4星級的高級飯店，從玄關一進去就能感受到高級奢華感。最大的特色是在於部分房間能夠看到東京鐵塔，是許多人會選的浪漫約會飯店之一。

在飯店的33樓有一間Sky Lounge酒吧，酒吧內正前方就是美麗的東京鐵塔，不是住房客人也能夠來此品嘗美酒、欣賞美景。消費價位屬於較高路線，每人大約至少要3,000日幣以上，如果想要確定自己的位子是否為離東京鐵塔最近的包廂區的話，可以提前訂位，但價位就會再更高一點，平均每人要1萬日幣以上，有興趣的話可以看看官網的詳細價格。

http reurl.cc/N486Ee｜〒105-8563 東京都港區芝公園4-8-1｜(03)5400-1111｜週日～四17:00～23:00(最後點餐22:00)，週五、六17:00～01:00(最後點餐24:00)

都營淺草線　大門　藏前

都營淺草線 / Toei Asakusa Line

17 藏前 Kuramae

◀ 淺草橋 Asakusabashi　　淺草 Asakusa ▶

　　藏前站位於東京下町，是一個匯聚眾多手工藝職人的獨特區域。這裡擁有許多保留著古老工法的老鋪，每一家都散發著悠久歷史和匠心獨具的手工藝魅力。

　　車站周邊的環境宜人，距離美麗的隅田川不遠，沿著河畔漫步更能一覽壯麗的晴空塔景致。這片區域的寧靜氛圍令人感到非常愜意，特別適合安排一個悠閒的下午。

　　此外，在這裡有許多非常有特色的咖啡廳，隨意走進一間都可以讓你盡情享受屬於自己的美好下午茶時光。

轉乘資訊
都營大江戶線

藏前站
周邊街道地圖

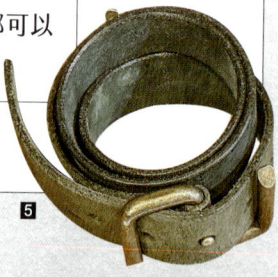

210

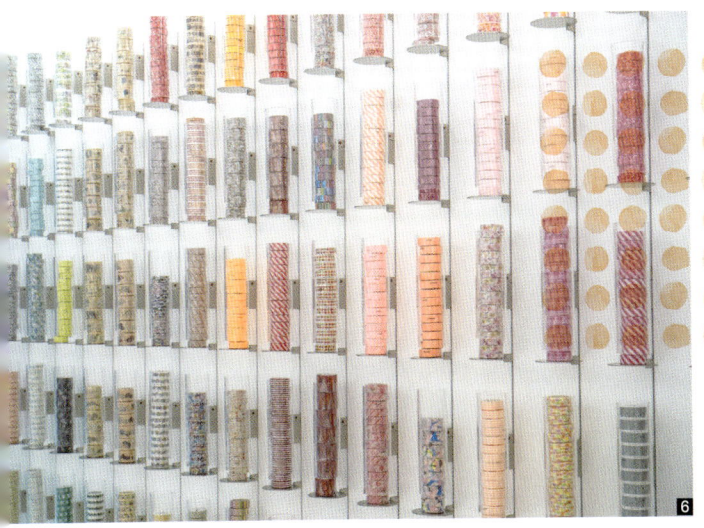

都營淺草線

大門　藏前

1.Dandelion Chocolate是一家巧克力專賣店／2,6.喜愛紙膠帶的話不能錯過的mt lab.／3.Nakamura Tea Life Store 也有在賣茶壺／4.日本當地產的日本茶／5.牛皮製作的精緻腰帶／7.濃濃的巧克力飲料非常好喝／8.喜歡手作包包不能錯過這間m+／9.超好吃的巧克力磅蛋糕

在地推薦

Kakimori

　　這是一間能製作屬於自己的筆記本與墨水的特色文具店，在藏前站已經開店十餘年，深受海內外愛文具的客人們喜愛。(見P.212)

遊客必訪

Dandelion Chocolate

　　來自舊金山的巧克力專賣店，有各種不同甜度的巧克力，還有巧克力餅乾與蛋糕等甜品，喜愛吃巧克力的話可以來嘗嘗看。(見P.215)

作者最愛

Nakamura Tea Life Store

　　無農藥有機栽培的茶葉專賣店，來自靜岡縣的茶園直營，都會標明產地、栽培時間等資訊，堅持讓大家品嘗高品質日本茶。(見P.214)

211

1.充滿濃濃文青氣息的店門口／2.很多高級鋼筆可購買／3.有許多可愛的小信紙／4.店內會看到許多員工協助顧客已挑選好的筆記本做裝訂

製作一本屬於自己的筆記本與筆

Kakimori

A3出口
步行約6分鐘

開幕至今已有超過10年的Kakimori，是一間非常特別的文具店，在店內有著各式各樣的筆、筆記本、紙張、墨水。店家希望來的客人們都能使用喜歡的筆與紙張，透過書寫能讓自己心裡所想的更加傳遞出來。

在Kakimori除了有賣現成的商品之外，還可以訂製自己喜歡的筆記本、墨水。筆記本想要怎樣的紙張，想要什麼顏色的墨水，都能按照自己的意思去調配，非常特別的一間店。

製作筆記本時有分好幾個小細節，首先，要先選擇封面要直式或橫式，接著再挑選要什麼樣的紙張當封面，光封面的選擇就有60種。再者，決定要什麼樣的內頁，內頁除了紙張觸感不同之外，顏色、設計等加起來約有30種能挑選。

就連筆記本的邊條與合起來是要用扣子還是伸縮帶？也都可以指定，完完全全按照自己的喜好而且做出一本獨一無二的筆記本，做完這本筆記本當天就可以帶走，如果想要印上自己的名字則需要等待7天。對做萬年筆的墨水也很有興趣的人，當天預約沒滿的話也能參加製作，調製自己喜歡的顏色。

由於客製化的訂製商品需要時間，建議要早一點來，有任何問題都能直接詢問現場的員工。

kakimori.com｜〒11-0055東京都台東區三筋1-6-2｜(050)3529-6390｜週二～五12:00-18:00、假日11:00～18:00｜休週一

紙膠帶專賣店
mt lab.

A5出口 步行約5分鐘

喜歡寫筆記本、手帳的你，絕對不能錯過這間mt lab.紙膠帶專賣店，這裡有著最齊全的紙膠帶種類，各種不同顏色圖案，五花八門的紙膠帶讓人走進去就不想出來。店裡面賣的紙膠帶除了有固定好的尺寸外，也可以跟店家訂製自己想要的尺寸。這間mt lab.目前在東京是唯一一間實體直營店舖，另外一間則開在大阪。

如果對每個紙膠帶都很有興趣的話，還可以買一段一段的，這對愛寫手帳的人來說實在是太方便了。店內不定期會有一些限定商品的展覽，或許能找到特別圖案的紙膠帶。

1.素雅的店門口讓人意想不到店內如此豐富／2.標示了顏色名稱的紙膠帶便於大家參考／3.可請店員裁切你想要的紙膠帶寬度

[http] www.masking-tape.jp | 〒111-0042東京都台東區壽3-14-5 | (080)1649-7715 | 10:00〜12:00、13:00〜19:00 | 200日幣起

都營淺草線
大門　藏前

質感皮革製品專賣店
m+

A0出口 步行約2分鐘

一個好的皮革商品可以用非常久，隨著時間越久，皮革還會出現些許紋路變化，讓商品增添另外一種懷舊風味。m+皮革製品店從2001年開業至今，商品以錢包、包包、皮帶、出入證吊牌帶、筆記本封皮為主，幾乎跟皮革有關的商品都有販售。

這間店的老闆曾去義大利習修1年皮革製作，回國後又在其他地方工作後，才正式開啟這間皮革專賣店。店內的皮革選擇與精品店一樣的上等皮革，每個商品的顏色都是透過染色製作出來(若非用上等皮革是很難染出好顏色)，可見老闆對皮革的把關非常重視。

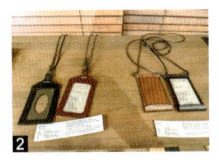

1.店內都是真皮商品／2.名牌吊牌／3.低調風格的店門口

[http] m-piu.com | 〒111-0051台東區藏前3-4-5 | (03)5829-9904 | 12:00〜17:30 | 週一、二、國定假日 | 鑰匙包4,400日幣起、皮夾6,600日幣起

213

日本茶專賣店
Nakamura Tea Life Store

A0出口
步行約2分鐘

　Nakamura Tea Life Store是靜岡藤枝市的一個小茶園所開設的直營茶鋪，店裡面賣的茶全都是有機栽培不使用農藥。為了讓客人能喝到最好喝的茶葉，會在每年最適合採茶的4月後半中下旬到5月上旬這段期間採茶，進行分裝包貨。

　店內的每一罐茶、每一包茶為了讓大家可以清楚知道是什麼時候採的、保存在哪裡、栽培的人與栽培方法都會清楚寫在上面，讓來買茶葉的人都可以安心飲用。如果有喜歡喝茶的話很推薦可以來這裡看看，小小的包裝很適合送禮或是自用！

1.來自靜岡的茶葉／2.小包裝很適合送禮／3.店門口

reurl.cc/09bz0k｜〒111-0051東京都台東區藏前4-20-4｜(03)5843-8744｜12:00～19:00｜週一｜茶葉1,000日幣/100g起

可麗露專賣店
Kuramae Cannele

A1a出口
步行約1分鐘

　可麗露近幾年在日本相當有人氣，Kuramae Cannele是在藏前站附近的可麗露專賣店，每日分好幾個時段現烤出爐，可以吃到熱騰騰最美味的可麗露。店內賣的商品就只有可麗露與冰淇淋兩種，買好後可以直接在店內座位享用，也可以外帶。

　這裡賣的屬於半生可麗露，中間的餡料並不會烤到全熟，吃起來外皮酥脆裡面柔軟，甜度也不會那麼甜，口感相當特別。如果喜歡喝咖啡的話很適合往2樓買一杯咖啡，再來這裡買個可麗露慢慢品嘗，感覺味道會很搭。

1.店門口總是有絡繹不絕的排隊人潮／2.外酥內軟的可麗露／3.外帶包裝非常有造型

www.kuramae-cannele.jp｜〒111-0051東京都台東區藏前2-1-23｜1F店鋪11:00～19:00、2F咖啡11:00～18:00(最後點餐17:00)｜週一｜可麗露290日幣

214

1.Dandelion Chocolate櫃檯、結帳區／2.必點巧克力蛋糕／3.巧克力牛奶糖／4.外帶的巧克力包裝相當精緻，很有健康簡約風

巧克力甜品專賣店
Dandelion Chocolate

A0出口
步行約2分鐘

　Dandelion Chocolate是一家來自美國舊金山的巧克力專賣店，於2016年在東京開設了首間分店。該店在2023年被選為Tabelog百名店之一，深受巧克力愛好者的推崇。進店後，濃郁的巧克力香氣撲鼻而來，店內裝潢簡約大氣，以木質色調為主，營造出溫暖舒適的氛圍。巧克力包裝風格雅緻、質感十足，非常適合作為禮品。每次經過都能看到排隊的人潮，足以證明其超高的人氣。

　店內不僅有各式各樣可以帶回家的巧克力產品，還提供現場製作的巧克力飲品、蛋糕、餅乾等甜點，滿足不同甜度偏好的顧客需求。為了讓顧客更了解巧克力的風味與特色，店內設有展示品供參觀。此外，這裡不僅僅是一家巧克力咖啡廳，還是一個巧克力製作工作坊，讓顧客可以近距離觀賞巧克力從原料到成品的整個製作過程。

　點餐後，顧客可以前往2樓的座位區，舒適地享用這些精心製作的巧克力美味。需要注意的是，假日期間客流量較大，可能需要稍等片刻才能找到座位，平日也經常爆滿。因此，建議前來時預留充裕的時間，以便更好地享受這一美味體驗。

| reurl.cc/orbDkQ｜〒111-0051東京都台東區藏前4-14-6｜(03)5833-7270｜10:00～19:00｜藏前限定巧克力飲品780日幣 |

都營淺草線

大門　藏前

東急世田谷線／Tokyu Setagaya Line

08 山下 Yamashita

◀ 松原 Matsubara　　宮之坂 Miyanosaka ▶

　　悠悠地搭乘路面電車抵達山下站，眼前是一片熙攘的景象，多數人都心懷期待，即將踏入著名的招福貓寺廟「豪德寺」。然而，值得一提的是，在這個熱鬧的站前區域，豪德寺之外還隱藏著一些美食寶地和迷人的咖啡廳等待著探索。

　　漫步在鐵道旁的小徑，彷彿進入了另一個世界。這裡的生活氣息與日本住宅區的寧靜交融，感受到的不僅僅是古老的歷史，還有那份寧靜而閒適的氛圍。途中，也不妨細細品味當地的特色美食，或是進入一家咖啡廳，沉浸在悠閒的時光中。

山下站周邊街道地圖

轉乘資訊

從「澀谷」站搭乘東急田園都市線電車，在「三軒茶屋」站下車，轉乘東急世田谷線到「山下」站

東急世田谷線

山下

1.豪德寺的貓貓是必看重點／2.豪德寺內的環境／3.沿途還有許多咖啡廳／4.許多招福貓相關商品也能買到／5.商店街小小條並不是很長／6.有招福貓的甜點／7.到世田谷八幡宮參拜／8.有可愛招福貓咖啡廳

在地推薦

豪德寺

超可愛招福貓兒的發源地之一，據説這裡的招福貓兒可為人們帶來好緣分，想為自己祈福的話可以買一隻招福貓帶回家。(見P.219)

遊客必訪

Mahorodou 蒼月

在世田谷線鐵道旁的閑靜小巷內，賣著手作日式和菓子，夏季還會賣日式刨冰，看著窗外風景邊吃邊享受愜意下午時光。(見P.221)

作者最愛

RARASAND SETAGAYA

店內除了有可愛的招福貓相關小物，以及特色文創商品外，還有把鯛魚燒做成招福貓燒來賣，造型可愛得不得了。(見P.221)

1,4.很有生活感的商店街／2.有許多特色小店鋪／3.沿途會看到不少懷舊風味的商店

東京日常生活感十足

茶屋方面出口 步行約3分鐘

豪德寺商店街

　豪德寺商店街位於東京都世田谷區，從山下車站步行約3分鐘便可到達，沿途會經過小田急線的豪德寺車站。這條商店街過去曾作為豪德寺的參道，隨著小田急線開通，逐漸吸引了眾多店家在車站周邊聚集，最終發展成為當地居民和遊客喜愛的熱鬧商業街區。

　商店街沿途分布著許多緊貼當地生活的店鋪，如超市、洗衣店等，這裡的氛圍樸實無華，展現了日本日常生活的真實面貌，與下高井戶站的商店街有著類似的風格和情調。隨著你沿著商店街朝著豪德寺方向前進，會發現不少有歷史感的咖啡廳和甜點店，這些店家多數已經開業多年，深受當地居民的喜愛。

　如果你是三明治愛好者，一間名為「九百屋」的店鋪頗具特色，販賣多款美味的手作三明治，非常值得一試。

　繼續往前走，你會看到一家有著懷舊氛圍的雜貨店，這間店位於商店街轉角處，販賣各式各樣滿足日常生活需求的小家具、清潔用品等商品。店鋪的年代感濃厚，從內部裝潢到商品陳列，處處都散發著老舖的獨特魅力。

　穿過這段商店街後，你會來到鐵道旁的小道，可以欣賞到世田谷線的電車穿梭在軌道上的景象，尤其在開花季節，還能拍到被花朵點綴的鐵道景觀，為這片樸實街區增添了一絲浪漫。對於喜愛鐵道和電車文化的朋友來說，這裡無疑是絕佳的觀賞和拍照地點。

www.yama-shita.net ｜ 各店家時間不同 ｜ 不定休

東急世田谷線

山下

1.必看的招福貓景點／2.可愛的貓貓生肖繪馬／3.豪德寺與一般寺廟的風格很不同／4.寺廟境內有許多可參拜的地方

茶屋方面出口
步行約10分鐘

東京三大招福貓神社之一
豪德寺

　　豪德寺因為擁有數千隻以上的招福貓，數量相當驚人。據說豪德寺是東京三大招福貓發源地之一，因此吸引了許多旅客前來參觀，只為與這些可愛的招福貓見上一面。豪德寺的歷史可追溯至過去，這裡曾是武將彥根藩主井伊家的領地，1659年因二代藩主的法號中含有「豪德」二字，於是將此地由江戶菩提寺更名為豪德寺。寺內至今仍保留著井伊家的墓地，吸引了不少熱愛歷史的遊客特地造訪。

　　豪德寺之所以有這麼多招福貓，源於傳說當時的藩主經過此處時，遇見一隻貓咪向他招手。藩主因為貓的動作而好奇走近，成功避開了即將來臨的雷雨，並與住持展開愉快的對話，為這次奇妙的相遇感到滿足和快樂。自此，寺內開始尊稱這隻貓為「招福貓兒」，並建立了招福殿，用以祈求平安、招福及商業興旺。與傳統的招財貓不同的是，招福貓舉的是右手且不持硬幣，象徵帶來好運和緣分。

　　據說招福貓兒能帶來好運與緣分，但是否能得到「福氣」則取決於個人，只要心存感恩，福氣自然會隨之而來。此外，這裡還有專門供奉招福貓的區域，裡面有無數隻的招福貓，成為遊客拍照打卡的熱門景點。如果有機會前往豪德寺，不妨買一隻招福貓帶回家，為自己和家人招來更多好運與幸福吧！

gotokuji.jp ｜ 〒154-0021東京都世田谷區豪德寺2-24-7 ｜ (03)3426-1437 ｜ 3月下旬〜9月中旬06:00〜18:00、9月下旬〜2月中旬06:00〜17:00

當地居民喜愛的古老神社
世田谷八幡宮

茶屋方面出口 步行約10分鐘

對相撲有點熟悉的人,多會先想到「兩國」知名的相撲競技場,但其實在世田谷八幡宮也能看到相撲。這間神社據説約1,000年前就存在,當年的武將在戰勝後,深感一切勝利是有守護神八幡大神的保佑,為了感謝神明,特地將大分縣的宇佐八幡宮的神明分靈移至世田谷。

神社內有相撲的競技場也是因為當年士兵慶祝時舉辦相撲活動,一直流傳到現在就變成相撲的競技場,每年9月會在神社祭典時舉辦比賽。此外,還有廣島知名的嚴島神社的分社,小橋流水的景色很值得一看。

80000.or.jp/index.html｜〒156-0051東京都世田谷區宮坂1-26-3｜(03)3429-1732｜神社境內24小時、社務所09:30～16:00

1.是當地有名的神社／2.境內祥和寧靜的氣氛／3.來收集御朱印

豪德寺手沖美味咖啡
IRON COFFEE

茶屋方面出口 步行約4分鐘

前往豪德寺的路上會經過這間工業風,以手沖咖啡與餅乾作為主要販賣品的IRON COFFEE。店家僅有1、2個座位,客人都是外帶或站在店門口飲用。每杯咖啡都是老闆精心手沖,香氣在商店街大老遠就能聞到,價格便宜只要350日幣。

咖啡喝起來帶有一點酸味但不苦澀,相當順口,可以搭配手作餅乾。此外,店鋪內還有賣IRON COFFEE使用的咖啡豆,喜歡的客人可以買回家。

iron-coffee.com｜〒154-0021東京都世田谷區豪德寺1-18-9｜(090)5984-8378｜平日08:30～20:30、週末09:00～20:00｜週三｜咖啡350～550日幣

1.店家設計很有工業風／2.手沖咖啡氣味香濃／3.禮盒式包裝很適合作為伴手禮

可愛招福燒
RARASAND SETAGAYA

山下站出站 步行約3分鐘

來到豪德寺想要吃個點心休息一下嗎？在豪德寺商店街內的這間RARASAND SETAGAYA是一間非常可愛的小甜點店，專賣招福貓有相關甜點，像是有夾內餡的招福燒或是招福貓造型的雞蛋糕。除了甜點之外，還有賣刨冰、飲料，有套餐可以選擇。如果有想買招財貓、招福貓相關的文創商品，在這裡店家也準備裡一些很別緻的東西，像是小扇子、陶器，造型相當可愛。

這裡賣的甜點也可外帶，小小隻招福貓造型的甜點帶回去送人，收到禮物的人一定會非常開心。

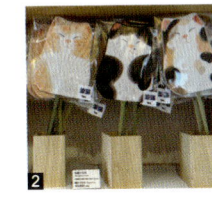

http rarasand.astala.co.jp | 〒154-0021東京都世田谷區豪德寺1-8-5 | 10:00〜20:00 | 休 週一

1.能帶回去當伴手禮的禮盒／2.可愛的貓咪扇子／3.好吃的招福燒

超可愛日式小點心店
Mahorodou 蒼月

茶屋方面出口 步行約9分鐘

沿著世田谷線走能到這間蒼月甜點店，以素白色搭配木頭色的裝潢，簡樸且溫馨。在日文中蒼月代表藍月，意思指同一月分當中出現兩次滿月，若能看到如此稀奇的事物，代表是個好緣分能帶來幸福，因此取這個名字是希望客人都能得到幸福。

可以點個小點心坐下來，邊享用邊欣賞路面電車風景。店內主要賣的是和菓子、銅鑼燒等小點心，夏季還有日式刨冰。最推薦青豆大福與銅鑼燒，青豆大福鹹甜口感非常適合配日式煎茶一同品嘗。

http mahorodou-sougetsu.com | 〒156-0051東京都世田谷區宮坂1-38-19 | (03)6320-4898 | 10:00〜18:00 | 休 週一 | $ 青豆大福170日幣

1.在車站旁的小店鋪／2.手作美味甜點／3.和菓子

東急世田谷線

山下

京王井之頭線／Keio Inokashira Line

05 下北澤
Shimokitazawa

◀新代田 Shindaita　　池之上 Ikenoue▶

　　如果你喜歡獨特的時尚風格或古著配件，絕對不能錯過下北澤。這個位於東京內的古著文化據點，匯聚著眾多古著商店、Live酒吧和特色雜貨店，深受當地人喜愛。下北澤被譽為東京內很有名的古著文化重鎮，充滿了獨特的氛圍。

　　從下北澤前往澀谷或吉祥寺也相當方便，可以計畫在一天內探索這些地方。在這片區域，你將深刻感受到日本次文化的獨特氛圍，並探索各種獨具特色的服飾和古著配件。踏足下北澤，讓你自己沉浸在這片文化寶地中，感受獨特的時尚魅力。

下北澤站周邊街道地圖

轉乘資訊

小田急線

222

京王井之頭線

下北澤 吉祥寺

1.下北澤有非常多的古著店／2.非常有個性的二手商品／3.とよんちのたまごの雞蛋布丁相當好吃／4.喜歡古著的人一定要來下北澤／5.ANTIQUE LIFE JIN販售的生活雜貨／6.沿著高架橋下有商店街／7.湯咖哩是這裡必吃美食之一／8.走累了這裡也有許多咖啡店／9.特色雜貨在這裡也能找到 (3,5圖片提供／Eric)

在地推薦
下北線路街空地

隨著鐵路地下化，小田急線的舊鐵道搖身一變成為最新的商業設施，其中下北線路街空地有著草皮與桌椅區，很適合點杯咖啡休息一下。(見P.224)

遊客必訪
Andrea Crepes

這間可麗餅老鋪很有名，口味種類多到連老闆都不清楚。除了可以客製化餅皮厚度外，就連餡料也可自定，非常客製化的一間店。(見P.227)

作者最愛
Village Vanguard

喜歡新奇特色的小雜貨？這間Village Vanguard有日本流行的卡通人物周邊，還有其他地方看不到的奇特商品，有如藏寶箱一樣讓人驚艷。(見P.225)

223

下北澤舒適休閒廣場
下北線路街空地

中央口出口 步行約6分鐘

　因為小田急線的東北澤站到世田谷代田站地鐵地下化，讓這片原先是鐵路的空地搖身一變成世田谷地區最新的逛街休閒景點。下北線路街主要可以分成三大部分：東北澤、下北澤、世田谷代田，在下北澤這區域內有一塊稱為「下北線路街空地」的廣場，分為草地區、飲食區與活動區，廣場上有好幾間餐車攤販，除了一間貨櫃型態的咖啡館常駐於此，餐車會不定期更換。

　空地的飲食區提供露營椅子作為休憩用，廣場上又掛著好幾顆漂亮的燈泡，讓人有種在都市裡露營的感覺，相當有氣氛。

http senrogai.com/akichi | 〒155-0031東京都世田谷區北沢2-33-12 | 10:00～21:00 | 休 不定休

1.很有露營氛圍的休息座位區／2.空地上有好幾家餐車

下北澤特色商店聚集地
BONUS TRACK

西口南側出口 步行約7分鐘

　位在下北澤西口附近的BONUS TRACK是在2020年新開的逛街休閒景點，位在下北澤與世田谷代田站中間位置。總共分為5棟白色的建築，約有10幾家商店，每間店鋪都不是太大間，多由店長自己一人經營，進駐了雜貨店、特色咖啡廳等，每一個店家都有自己的獨立空間。

　除了特色商品與美食的店家外，BONUS TRACK裡面還有藝文空間，不定期會有藝術品展出。此外現場還有會員制的分享廚房與休閒辦公空間，讓大家都有機會在此成為開創新文化的創造者。

http bonus-track.net | 〒155-0033東京都世田谷區代田2-36-12～15 | 各店家營業時間不同 | 休 不定休

1.下北澤非常文青的新場所／2.有許多特色小店鋪

超美度假風商店區
reload

中央口出口 步行約9分鐘

位在下北線路街空地的正對面就是reload，同樣因為鐵路地下化而建，而在原先的地鐵路上新開幕的購物商區。在這裡目前有23間的商家，並且還有兩個供租借的商業空間，讓有需要的人可以做展出或商業拍攝。在reload裡還有間很有時尚感的飯店，1樓是咖啡與酒吧。

reload內的商家很多樣化，咖啡、甜點、咖哩等飲食店外，水煙、雜貨等店鋪也都聚集在這個新開幕的空間內，並設計有露天座位區提供遊客休憩，整體的氣息有如度假村一樣讓人感到放鬆。

[http] reload-shimokita.com | [⊙] 〒155-0031東京都世田谷區北澤3-19-20 | [⊙] 各店家營業時間不同 | [休] 不定休

1.reload設計很簡約風格／2.2樓景色很適合拍照

京王井之頭線

下北澤　吉祥寺

各式各樣奇特雜貨
Village Vanguard

中央口出口 步行約4分鐘

想要在下北澤找一間有趣的雜貨店的話，非常推薦來這間Village Vanguard。這是間日本連鎖雜貨店，賣著各式各樣的新奇商品，舉凡衣服、餐具、衛浴用品、辦公室小物等都能買得到，就連熱門的動漫角色周邊商品、或是昭和復古風的雜貨、甚至是書籍也樣樣都有，走進店內有如踏進尋寶圖一樣，可以逛非常久。

Village Vanguard店內的商品大多都是由各店店長挑選，因此每間店的商品會有些許不同，而這也成為這間連鎖店的特色之一。

[http] www.village-v.co.jp | [⊙] 〒155-0031東京都世田谷區北澤2-10-15 | [☎] (03)3460-6145 | [⊙] 11:00～23:00

1.充滿趣味的店門口／2.店內商品數非常多

225

可愛雜貨店
ANTIQUE LIFE JIN

西口北側出口
步行約3分鐘

　藏身在巷弄內的ANTIQUE LIFE JIN，從1982年開始在下北澤營業，已經開業有40幾年。在下北澤總共有兩間分店，一間是雜貨店，另外一間則是古董店。一經過店家馬上被店門口各式各樣的雜貨吸引目光，店家雖然不大間，裡面卻像是藏寶間一樣，數量種類眾多，每一樣都有不同的特色，非常可愛。

1.各種材質的餐具／2.玻璃杯的圖案每個都獨一無二／3.特色雜貨店

antiquelife-jin.com｜〒155-0031東京都世田谷區北沢2-30-8｜(03)3467-3066｜週一～五12:00～19:00，週六、日11:30～19:00

古著、雜貨尋寶地
東洋百貨店

西口北側出口
步行約3分鐘

　東洋百貨店利用大樓內1樓的倉庫空間，打造成小型商店區，以雜貨、古著服飾(古著：意為二手衣服)為主，在下北澤很有名的綜合商業設施，目前約有20間店鋪。每一間的商品都不一樣，二手服飾、個性雜貨、二手球鞋等都能在這裡找到。

　店家的門口有電車的壁畫，是下北澤非常有特色的壁畫之一，有興趣找古著衣物的話，可以來東洋百貨店逛逛。

1.男女的古著商品都能找到／2.裡面有許多小店鋪／3.除了有古著商品之外，也有可以寄賣飾品的店家

www.k-toyo.jp/frame.html｜〒155-0031東京都世田谷區北沢2-25-8｜(03)3468-7000｜11:00～20:00

當地人最愛的古早味可麗餅店
Andrea Crepes

西口北側出口 步行約8分鐘

　一靠近Andrea Crepes店面就能感受店家是間開業多年的可麗餅老舖，不僅可麗餅口味眾多，還有別具特色的納豆口味，絕對是在別間店找不到的新奇口味。而常見的草莓、巧克力、香蕉、卡士達醬等口味，都相當有人氣。

　由於種類多到連老闆自己都搞不清楚，如果在菜單上找不到想吃的口味，還可以直接跟老闆說明你想要加哪些口味，完全客製化製作，餅皮也可以選擇要厚一點還是薄一點，非常客製化的一間店。

1.店家有設立告示牌說可以客製化可麗餅／2.內餡料非常多，拿在手裡非常實在／3.許多名人都有光顧過

reurl.cc/mr5MzY｜〒155-0033東京都世田谷區代田6-5-25｜(03)3468-2597｜週一～五13:00～19:30、週六～日13:00～20:30｜不定休｜400日幣起

京王井之頭線　下北澤　吉祥寺

高評價咖哩店
Kyuyam-tei Shimokita-sou

中央口出口 步行約5分鐘

　下北澤超有名的香料咖哩飯專賣店，在Google上有600多則好評，整體超過4顆星以上，相當受顧客們喜愛，好幾次經過店門口都會看到許多旅客在排隊等候，因為排隊人潮太多，店家在門口有設置號碼機，便於顧客先抽號碼後至附近逛逛等候。

　店家的咖哩非常特別，使用了許多不同種類的香料，每日還會提供每日咖哩的菜單，每次去都不一樣口味！這裡的咖哩可以選擇你要2種或是3種搭配，一次嘗到不同口味，且一份不用2,000日幣就能吃到，非常超值。

1.提供2種口味咖哩的餐點／2.平實的店門口

reurl.cc/K4YeR9｜〒155-0032東京都世田谷區代沢5-29-9｜(03)6450-8986｜平日11:00～15:00(最後點餐14:30)，18:00～21:00(最後點餐20:30)；週末、國定假日11:00～15:30(最後點餐15:00)，17:30～21:00(最後點餐20:30)｜週二｜1,000日幣起

京王井之頭線 / Keio Inokashira Line

17 吉祥寺 Kichijoji

井之頭公園 ▶
Inokashira-kōen

　吉祥寺交通極為便利，一條線直達新宿和澀谷，使其成為受歡迎的居住區之一。周邊環境宜人，商店街設施齊全，深受日本人的喜愛。吉祥寺被評選為日本人心目中最理想的居住地之一。這裡不僅提供極具購物樂趣的商店街，附近還有井之頭恩賜公園，供你親近大自然。

　而且，遊客可以步行抵達三鷹森林吉卜力美術館，感受吉祥寺獨有的文化氛圍。建議你花些時間來此漫遊，除了購物，還能享受自然之美和文化之樂。

吉祥寺站
周邊街道地圖

轉乘資訊

JR東日本

京王井之頭線

下北澤　吉祥寺

1.在吉祥寺公園划船還能邊賞櫻／2.吉祥寺Petit村外牆很適合拍照／3.具特色的生活雜貨／4.吉祥寺的好吃咖哩／5.可以順道造訪三鷹之森吉卜力美術館／6.瓷器專賣店／7.Arnolds的甜甜圈視覺味覺雙美味／8.商店街內的帽子雜貨店／9.家具雜貨店（3,5,7圖片提供／Eric)

在地推薦
吉祥寺Petit村
如同童話故事內的小城堡就位在吉祥寺的小巷弄裡，可愛的貓雜貨、貓咪主題咖啡廳等特色店鋪讓人逛的非常開心。(見P.232)

遊客必訪
SATOU炸牛肉餅
美味現炸的元祖日式炸牛肉餅內餡多汁，咬一口就能吃到洋蔥與牛肉混搭的美味口感，即使冷掉也一樣好吃。(見P.234)

作者最愛
Kugutsusou
開業超過40年的洞窟風咖啡廳，店裡就像個異世界一樣，非常特別。店內最有人氣的手沖咖啡、咖哩飯深受客人喜愛。(見P.234)

229

1.在公園湖畔裡划船頗是愜意／2.井之頭弁才天神社／3.井之頭自然文化園／4.櫻花季時很多人野餐 (2,3圖片提供／Eric)

井之頭恩賜公園

日本第一個郊外公園

公園口出口步行約9分鐘

自1917年開園至今的井之頭恩賜公園，距今已超過100年的歷史，是東京都內的人氣賞櫻名勝之地，同時亦被選為日本櫻名所100選之一，櫻花盛開時相當可觀。

在井之頭恩賜公園內有非常大的湖畔，在這裡能踩鴨子船遊湖，假日時總是會有很多旅客來此休憩。

公園占地非常廣大，除了有湖畔之外，還有能欣賞到動植物的「井之頭自然文化園」，據說這裡面有許多鳥類，喜愛賞鳥的人可來這裡逛逛。

除此之外還有拜金運、結緣、才藝都非常靈驗的「井之頭弁財天」，在境內還可以洗錢讓自己增加財運！逛完「井之頭弁財天」後還可以前往「三鷹森林吉卜力美術館」。

三鷹森林吉卜力美術館是知名動畫宮崎駿的博物館，在裡面能看到宮崎駿的手稿與一些電影片段的場景。館內還有天空之城內的拉普達機械兵大型銅像，非常特別，如果想要來參觀美術館的話一定要記得先上網訂票，在許多購票網站上都有販售票券。

如果想要細逛整個井之頭恩賜公園，大概需要花2～3小時，特別是春天來這邊賞櫻兼野餐，也絕對是很不錯的行程！

[http] reurl.cc/DlydON｜[◎] 〒180-0005東京都武藏野市禦殿山1-18-31｜[☎] (0422)47-6900｜[$] 井之頭自然文化園：大人1,000日幣、國、高中生700日幣、小學生400日幣、幼兒(4歲以上)100日幣

超便宜均一價飾品店
Lattice 飾品店

北口出口
步行約1分鐘

　想要買飾品但又不想花太多錢？那一定要來這間Lattice飾品店，髮飾、耳環、項鍊、手環外，可愛的包包、絲巾、圍巾、手機殼等物品也都有賣！飾品跟髮飾類基本上都只有300日幣，這麼低價真的怎麼挑都不心痛。耳環有分夾式跟耳針式，沒有打耳洞也可以來購買，大型時尚款耳環或是小巧秀氣日式風耳環，各種造型都能找到。

　髮飾則有髮圈、髮夾、髮帶等各種不同造型都能使用的商品，應有盡有！店內的絲巾、圍巾也都是時下日本當地流行商品，想要當一次日式女孩的話，非常推薦來這裡找和風美！

1.超便宜飾品店，通通只要300日幣／2.髮圈、髮夾、耳環都有賣

www.palcloset.jp/lattice ｜ 〒180-0004東京都武藏野市吉祥寺本町1-15-3 ｜ (0422)28-7851 ｜ 10:00～21:00

京王井之頭線

下北澤　吉祥寺

吉祥寺人氣商店街
SUNROAD 商店街

北口出口
步行約1分鐘

　SUNROAD是吉祥寺主要商店的聚集區，商店街全長約300公尺，裡面有著無數好吃的餐廳與好逛的小雜貨店等，商店街因有遮雨棚的設計，即便下雨也可以安心逛街。

　在SUNROAD商店街旁也有好幾間百貨公司、購物商場「PARCO、東急百貨、〇I〇I、Yodobashi camera」，想買最新流行商品或是電器用品，在此都找得到。如果有來吉祥寺旅遊，一定記得來這條街逛逛，肯定讓你有所收穫。

1.商店街內有許多特色小鋪／2,3.熱鬧商店街

sun-road.or.jp ｜ 〒180-0004東京都武藏野市吉祥寺本町1-12-1 ｜ (0422)21-2202 ｜ 各店家營業時間不同

231

1.宛如童話故事的小房子／2.造景都圓圓的／3.門口的噴水設計也是小貓造型／4.房子入口都小小一個的

如童話故事的可愛世界
北口出口 步行約6分鐘

吉祥寺 Petit 村

　吉祥寺站的小巷弄內，有一間如童話故事裡面的蘑菇屋般的可愛建築，許多路人經過時都會忍不住停下腳步往內觀看。這間吉祥寺Petit村其實是以貓咪為主題，在2018年4月開始營業，在建築物裡面有許多小店鋪，店家外的牆面、地板等都是很精心的小設計，例如小小的貓門、貓咪小肉球，真的非常可愛，走進來裡面可以拍好多漂亮照片。

　在這個小小城堡內有約7家不同主題的商店，超人氣的貓咪咖啡廳，以及賣貓咪相關雜貨與飾品的店鋪，喜愛貓咪的人來到這邊應該會非常開心。

petitmura.com ｜ 〒180-0004東京都武藏野市吉祥寺本町2-33-2 ｜(0422)29-1223 ｜ 平日11:00～20:00、週末10:00～20:00 ｜ 不定休，請參考各店家資訊

232

自然風雜貨連鎖店
NATURAL KITCHEN

公園口出口
步行約4分鐘

來自大阪的NATURAL KITCHEN雜貨店，從2001年開始營業，因為老闆是一位雜貨的愛好者，他希望可以讓更多人加入喜愛雜貨的行列，因此以大家最容易能入手的低價格，製作出許多好品質的商品。

店內的商品多以生活居家雜貨為主，廚房用品、杯碗瓢盆等都相當有特色，顏色大多都是素素的、簡約時尚感，而價格幾乎都是100日幣，有些商品比較貴的就會特別標價。個人非常喜歡花圈，每個季節都會有不一樣的設計，很適合擺在家當季節裝飾！

1.特色生活雜貨店／2.店內商品顏色大多是優雅清淡風格

www.natural-kitchen.jp｜〒180-0004東京都武藏野市吉祥寺本町2-1-5｜(0422)23-3103｜平日10:00～20:00，週末、國定假日11:00～20:00

京王井之頭線

下北澤　吉祥寺

中性特色雜貨店
B-COMPANY

北口出口
步行約5分鐘

吉祥寺的小巷弄內有許多特色的小雜貨店，其中這間B-COMPANY主要販賣居家擺設、家具等，簡樸的店內有不少非常特別的商品。雖然大家具比較難可以帶回去，但一些小擺設品很適合放在家。

B-COMPANY是連鎖店，但每間店的商品都是由各店鋪店員選出，因此在不同地方很有機會可以看到不一樣的商品。平常，雜貨店可能以女性為主，設計讓人感到太可愛，但這間店為了讓男性也能放心走進店內，在商品選擇上比較中性，照顧到每一個客人。

1.居家擺設用品店／2.大型家具與小擺設都有／3.多種款式擴香劑

reurl.cc/77QK7l｜〒180-0004東京都武藏野市吉祥寺本町2-2-3｜(0422)23-6166｜11:00～20:00｜休 週二

233

40年洞穴風老鋪咖啡
Kugutsusou

北口出口 步行約3分鐘

藏身在吉祥寺商店街內的地下1樓，從店鋪的鐵門到樓梯間，都能感受到濃濃的懷舊風。一路往下走就好像來到異世界一樣，店內的裝潢如同一個大洞穴，暖色調的燈光讓店內非常有氣氛。

當初會開這間店鋪其實是因為某劇團為了讓團員們在沒有表演時也能夠有錢生活，因此開了這間店讓團員們邊當咖啡廳店員，邊做表演工作。

店內主要賣手沖咖啡，坐在吧台上就能看到咖啡師認真做咖啡的過程。此外，咖哩飯也是店內熱門美食，食材煮的鬆軟，咖哩香氣十足，為了咖哩前來的客人也相當多。

1.店內設計很具懷舊風／2.起司蛋糕／3.店家招牌咖哩飯

www.kugutsusou.info｜〒180-0004東京都武藏野市吉祥寺本町1-7-7｜(0422)21-8473｜10:00～22:00｜飲品870日幣起、咖哩1,400日幣

排隊人氣黑毛和牛炸肉餅
SATOU 炸牛肉餅

北口出口 步行約2分鐘

大排長龍的熱門炸肉餅店，SATOU肉丸店是一間黑毛和牛專賣店，店內除了有販售外帶的黑毛和牛肉片之外，元祖日式炸牛肉餅是這間店最熱門的排隊美食，現炸好的牛肉餅多汁肉味香氣四溢，價格只要300多日幣，實在是太便宜，許多旅客一口氣就會買好幾十個帶回去慢慢享用。

炸牛肉餅的內餡是牛肉與洋蔥等食材混在一起，分量算是滿大一份。除了炸牛肉餅之外，可樂餅、炸豬肉串、炸牛肉串、叉燒等美食也都有賣，喜歡吃炸物的一定要這裡買一份吃看看。

1.現炸超香牛肉餅／2.超人氣排隊店／3.切開後內部肉餡超多

reurl.cc/D4kqx5｜〒180-0004東京都武藏野市吉祥寺本町1-1-8｜(0422)22-3130｜10:00～19:00｜休 1/1｜炸牛肉餅300日幣、可樂餅200日幣

40年的日式甜點老舖
小笹羊羹

北口出口 步行約2分鐘

僅有1坪大的店鋪賣著好吃的手作羊羹與日式甜點最中，羊羹因手工製作的關係，一天能做的數量有限，僅有150份。許多客人會願意提早起床趕在店鋪開門前排隊，有時連搭最早班車來都會排不到。如果對羊羹以外的日式甜點也有興趣的話，就可以不用那麼早來，在正常營業時間有在賣日式紅豆餡的最中甜點，平易近人的價格品質卻很高。

名為「最中」的甜點，是以糯米粉做成薄皮的外殼，內餡填入紅豆，外皮口感酥脆，有點像冰淇淋餅乾甜筒的感覺，內餡帶有紅豆甜甜的香氣，非常適合泡一杯茶享用。

1.羊羹是日式甜點中最具人氣的伴手禮／2.店招牌／3.一個一個單包裝可以分送

www.ozasa.co.jp｜〒180-0004東京都武藏野市吉祥寺本町1-1-1｜(0422)22-7230｜10:00～19:30｜週二

豆豆龍泡芙專賣店
白髭泡芙工房

公園口出口 步行約4分鐘

超可愛的豆豆龍泡芙店在東京有兩間，其中一間就位在吉祥寺。以龍貓作品當中最受歡迎的豆豆龍作成的泡芙相當受歡迎，據說老闆與宮崎駿是親戚關係，才可以賣這個可愛的甜點。

龍貓泡芙總共有分好幾種不同的口味，每一個口味都會有不同的小花樣掛在龍貓的耳朵上，像是小綠葉、帽子等等的造型巧克力片。

除了卡士達醬的龍貓泡芙會固定販售之外，其他的泡芙則會隨著季節做口味變化，每次去都可能會看到不一樣的可愛龍貓泡芙。除了泡芙之外，兩間店都有賣一些造型餅乾，有龍貓、樹葉、蘑菇等，都非常漂亮，很適合送禮。

1.超可愛龍貓泡芙／2.每個頭上造型不同，代表是不同口味

www.shiro-hige.net｜〒180-0003東京都武藏野市吉祥寺南町2-7-5｜(0422)26-6550｜11:00～17:00｜週二

京王井之頭線　下北澤　吉祥寺

京王線／Keio Line

37 京王讀賣樂園
Keio-yomiuri-land

◀稻城 Inagi 　　京王稻田堤 Keio-inadazutsumi ▶

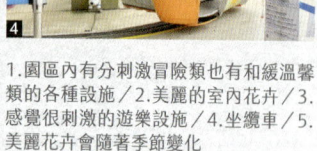

1.園區內有分刺激冒險類也有和緩溫馨類的各種設施／2.美麗的室內花卉／3.感覺很刺激的遊樂設施／4.坐纜車／5.美麗花卉會隨著季節變化

　　京王讀賣樂園是東京很有名的遊樂園，從新宿搭車只要35分鐘就可以抵達。遊樂園內的設施非常多，在夏天還有水上樂園可以遊玩，春天時可以賞美麗櫻花，不管是誰來都可以玩得很開心。京王讀賣樂園內到了聖誕季節還會有聖誕點燈，整個遊樂園會變得非常浪漫，是日本人喜愛來的約會聖地。

　　如果對植物很有興趣的話，HANA‧BIYORI是園區內溫室植物園，大量花卉布置相當美麗。

京王讀賣樂園站周邊街道地圖

轉乘資訊

從京王線「新宿」站搭乘前往「調布」方向的電車，在「調布」站轉乘前往「橋本」方向的電車，在「京王讀賣樂園」站下車，轉搭空中纜車Sky Shuttle，約5分鐘可以抵達樂園

滿足各年齡快樂的樂園
京王讀賣樂園

讀賣樂園在1964年開園，一直以來都是東京地區非常受歡迎，在園區內約有40個以上的遊樂設施。

遊樂設施主要可分為適合大人遊玩的刺激型，像是高空彈跳、自由落體、雲霄飛車等等的都能體驗到。此外如果有帶小孩來的話，也有可以跟小朋友一起遊玩的比較緩和型的遊樂設施。很多設施都是室內的，就算是下雨來也能玩得開心。

若是覺得只有玩遊樂設施很不夠的話，園區內還有日清炒麵的製作館，能製作屬於自己的日清炒麵，加上自己喜愛的料！遊樂園的門票有分一日通票與入園票兩種，買入園票的話，搭遊樂設施需要額外買票，一日通票的話大部分都可以一路玩到底。

> http www.yomiuriland.com/tw ｜ 〒206-8725東京都稻城市矢野口4015-1 ｜ (044)966-1111 ｜ 10:00～20:30(可能會有更動，詳見官網) ｜ 不定休 ｜ 入園費：大人1,800日幣、國高中生1,500日幣、兒童及銀髮族1,000日幣、學齡前兒童1,000日幣；一日通票(入園+遊樂設施無限搭乘)：大人5,800日幣、國高中生4,600日幣、兒童、銀髮族4,000日幣、學齡前兒童2,400日幣

京王線
京王讀賣樂園

室內藝術花園
HANA‧BIYORI

2020年在讀賣樂園旁開了HANA‧BIYORI新園區，屬於室內體驗型植物園，共分為四大區：望天之丘、HANA‧BIYORI館、彩色小徑、神聖森林，每個區域都相當有特色。

館場內有許多特色花卉，並結合投影燈光秀，讓花卉增添不一樣的藝術氣息，現場約有300盆的花卉吊籃與360度鮮花壁面，每一面牆都好好拍。隨著四季的變化，花卉會有些許改變，不同時期來都是不一樣的體驗，也因此成為網每取景的極佳選擇。

除了欣賞植物之外，現場還有個性溫和、長相超可愛的水獺，其(前肢)小小的手手會從透明櫃內伸出來摸摸大家的手，水獺的手柔軟滑嫩，摸起來超級舒服。

HANA‧BIYORI有一間星巴克，如此被花卉植物包圍著的星巴克可以說是第一間，從玻璃透光進來讓星巴克看起來明亮且溫暖。菜單上的內容跟其他間星巴克都是一樣的，很適合來這裡坐下來點杯咖啡，邊欣賞植物之美。

望天之丘是可以欣賞東京城市之美的瞭望台，神聖森林則是有許多歷史文物及寶塔佛像的區域，每到9月多的時候就能看到曼珠沙華美麗綻放，每個區域都有不一樣的美感，適合喜歡花卉植物的人來走走，非常放鬆身心。

> http reurl.cc/krYnbn ｜ 〒206-8725東京都稻城市矢野口4015-1 ｜ (044)966-8717 ｜ 10:00～20:00(可能會有更動，詳見官網) ｜ 不定休 ｜ 入園現場購票：大人(中學以上)800日幣、小學500日幣；入園網路購票：大人(中學以上)600日幣、小學300日幣

237

都電荒川線
Tokyo Sakura Tram

　都電荒川線是東京少有的路面電車，1911年開始營運。東京的路面電車原本不止這一條線，還有許多不同路線，但因為交通日漸擁擠，在1967年決定廢除，僅留下目前這條荒川線，從荒川區三之輪站到新宿區早稻田站，全長約12.2公里，有30個停靠站。

　荒川線跟一般電車不一樣的是每次運行僅有一輛列車，乍看滿像公車的感覺。列車有分多種不一樣的款式，除了有非常現代感的款式之外，還有復古昭和風的列車，許多電車迷們時常會特地來拍攝路面電車的美照。

　荒川線沿線在不同季節會有不同的花卉可以欣賞，繡球花、玫瑰花、櫻花等花卉皆能與都電一同入鏡。

都電荒川線
周邊街道地圖

1.這條路線看起來特別復古／2.電車有多種款式／3.玫瑰的季節鐵路沿線會開玫瑰花

都電荒川線交通套票推薦

　如果想要在東京來一場慢步調的旅遊，非常推薦使用都電「荒川線一日券」來荒川線一日遊，僅需要400日幣就能一整天暢遊荒川線，划算的不得了。想要購買一日券的話只要在都電車上跟司機說要買一日券，就可以立即購買到，也可以提前在荒川電車營業所、都電定期券販賣所買票。

238

都電荒川線／Tokyo Sakura Tram

(13) 荒川車庫前
Arakawashako-mae

◀ 梶原　　　　荒川遊園地前 ▶
Kajiwara　　　Keio-inadazutsumi

鐵道迷必訪的懷舊車站

都電回憶廣場
下車即可抵達

荒川車庫前站是我非常推薦一定要下車走走的車站之一，在這一站可以看到荒川電車進出車庫之外，附近還有一處名叫「都電回憶廣場」的地方，這裡擺放了兩台超級復古已經退役下來的路面電車，這兩台電車在週六、日會開放讓大家可以到車上去看看，平日時段是不會開放的，要特別注意一下。

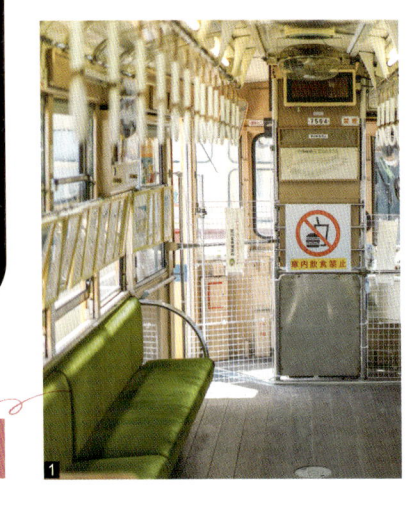

reurl.cc/OM1REy ｜ 〒116-0011東京都荒川區西尾久8-33-7 ｜ (03)3893-7451 ｜ 週末、國定假日10:00～16:00 ｜ 免費

1.車廂可以上去看看／2.有展示許多懷舊車廂／3.可以體驗開車／4.電車操控區

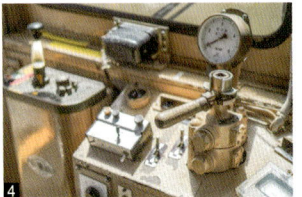

都電荒川線　荒川車庫前　王子駅前　大塚駅前

都電荒川線 / Tokyo Sakura Tram

16 王子駅前
Oji-ekimae

◀ 飛鳥山 Asukayama　　　榮町 Sakaecho ▶

當地人喜愛的美麗公園

飛鳥山公園
下車步行約2分鐘

飛鳥山公園就位在王子站前，有些人或許對這邊會有些許印象，這裡就是歌手林宥嘉拍攝婚紗照的地點之一，公園內有非常可愛的小孩遊樂設施之外，每到櫻花季的時候還是賞櫻勝地，每到櫻花季盛開的櫻花會吸引大批旅客前來，現場的櫻花樹有超過650棵以上，可以帶張野餐墊，來這裡坐下來野餐賞櫻。

在飛鳥山公園內還有飛鳥山博物館、紙張博物館與澀澤史料館，有大量歷史相關的介紹，對歷史有興趣的話或許這邊也會非常適合來看看！此外在飛鳥山公園的入口處還設有單軌纜車，方便長輩小孩都能輕鬆來到這裡休閒，免費搭乘相當佛心。

www.npd.jp/asukayamapark ｜ 〒114-0002東京都北區王子1-1-3 ｜ (03)5980-9210 ｜ 公園全天開放、單軌纜車10:00～16:00 ｜ 單軌纜車：12/29～1/3、每月第一個週四檢修，中午前運行停止 ｜ 免費

1.單軌電車／2.許多人會來這裡野餐／3.小孩遊樂區／4.展示懷舊火車

都電荒川線／Tokyo Sakura Tram

23 大塚駅前
Otsuka-ekimae

◀向原 Mukōhara ｜ 巣鴨新田▶ Sugamoshinden

人氣飯糰店

御飯糰 BONGO
北口出口 步行約2分鐘

來到大塚站，一定不能錯過距離車站步行約兩分鐘的御飯糰名店「ぼんご大塚本店」。這間店在當地享有極高的聲譽，並在Google上獲得了4.1的高評價，累積超過3,000則評論。許多來過的旅客都對這裡的美味大加讚賞。

「ぼんご」提供大約57種不同口味的御飯糰，所有飯糰都是現點現做，每一顆都大份且餡料豐富。如果不確定該選什麼，店家也推薦了前10名人氣口味，讓你絕不會踩雷！除了御飯糰，這裡的味噌湯也非常值得一試。

大家常見的御飯糰都是由手握成型的，然而，ぼんご的御飯糰別具一格，竟然沒有經過傳統的手握過程！取而代之的是使用酥脆的海苔巧妙包裹米飯，讓米粒鬆軟散發，入口即化。這樣的製作方式讓你在品嚐時，能清楚感受到每一粒米的質感與風味。

這家飯糰店還有其他幾大特色：使用新潟產的優質大米，並經過店家精心挑選的配料，讓飯糰達到完美的口感與搭配。連鹽巴和海苔也是經過嚴格挑選，為客人帶來極致的美食體驗。

由於「ぼんご」人氣極高，偶爾需要排隊等候，因此建議大家預留充裕的時間，以免錯過這美味的御飯糰。

1.車大塚超人氣飯糰／2.到晚上依然有人在排隊／3.座位區前可以邊看店家製作飯糰／4.有超級多種不同口味的飯糰可以選擇

http www.onigiribongo.info ｜ 〒170-0004東京都豐島區北大塚2-27-5｜(03)3910-5617｜09:00～21:00｜不定休

都電荒川線

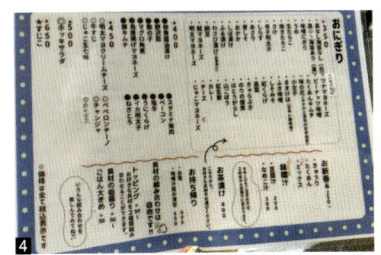

荒川車庫前｜王子駅前｜大塚駅前

241

東京近郊

來東京旅遊時，除了東京都內23區的熱門觀光景點之外，其實在郊外也有許多適合去一日遊的地方。有別於熱鬧的東京氣氛，郊區的氛圍更增添一種寧靜的氣質。這次挑選了西武線的所澤與川越，這兩個地方是目前東京地區非常受喜愛的近郊景點，在所澤的 Sakura Town 內有蓋得很有造型感的美術館，還有名為坐令和神社的地方都非常值得一逛。而川越則是保有古色古香的建築，在這裡還可以體驗穿浴衣、和服在老街上逛逛。在這裡也有許多當地美食、有名的冰川神社，很適合安排一天來這裡旅遊。

| 西武線：所澤 | P.244 |
| 東武東上線：川越 | P.248 |

東京近郊

西武池袋線／Seibu Line	西武新宿線／Seibu Line
⑰ 所澤 Tokorozawa	㉒ 所澤 Tokorozawa
◀西所澤 Nishi-Tokorozawa　秋津 Akitsu▶	◀航空公園 Kōkū-kōen　東村山 Higashi-Murayama▶

　位在埼玉縣的所澤，近年來因為所澤Sakura Town的開園，增加了許多娛樂設施，再加上距離東京市區只要1小時的車程，更是吸引大批人潮前來遊玩。所澤Sakura Town有著各種主題活動和展覽，從動漫、遊戲到傳統文化應有盡有。

　所澤Sakura Town有許多可以觀賞遊玩的區域，集結了角川武藏野Museum、武藏野坐令和神社、本棚劇場、武藏野森林公園等都非常有特色。逛累想要休息的話，也有許多美食可以享用。有時間的話，不妨找一天的時間來所澤逛逛吧！

所澤站周邊街道地圖

轉乘資訊
西武池袋線、西武新宿線

1.遠遠就可以看到長得非常奇特的建築物／2.這裡的神社一定要進去裡面看看／3.公園區不定期都會有各種藝術裝飾

兩萬冊書籍寶藏地
角川武藏野 Museum

　在角川武藏野Museum內的4樓有一處是書架劇場,在這裡面有藏書兩萬冊,皆是角川文庫、山本健吉文庫、竹內理三文庫、外間守善文庫的藏書,結合了書籍與藝術,在現場滿滿的書籍真的非常壯觀。

西武線

所澤

kadcul.com | 〒359-0023埼玉縣所沢市東所沢和田3-31-3 | 10:00～18:00(最終入館17:30) | 週二(遇假日無休) | KCM(含本棚劇場):一般(大學生以上)600日幣、高中生300日幣、小學生200日幣;另有多種套票,請上官網查詢 | 西武池袋線「所澤」站下車後,至2號公車停靠處搭所55、所52、所52-1、所59、所53-1,至「東所澤」站下車;或搭JR武藏野線至「東所澤」站下車,徒步約10分鐘

1.角川武藏野Museum／2.夜晚打燈後非常有氣氛／3.書架劇場一定要親自去一趟 (照片提供／角川文化振興財團)

245

1.神社入口有許多紅色鳥居／2.不同時期有不一樣的御朱印本／3.這裡還有繪馬可以購買／4.內部非常精緻

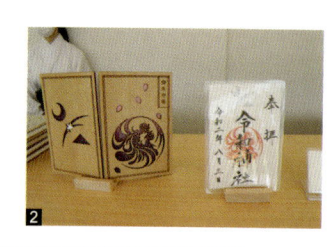

優美且莊嚴的神社
武藏野坐令和神社

　　武藏野坐令和神社的名字中包含了「令和」二字，與日本的令和年號相同，這是因為「令和」這個詞源自《萬葉集》，而這部作品的背景正是在武藏野地區。因此，神社採用了這兩個字作為其名稱。神社主要祭祀保佑安全與繁榮的神靈，這些神靈是從東京大神宮分靈而來。神社內部的天花板上繪有一對龍鳳，這是由日本著名畫家天野喜孝所繪製，精美細緻，為神社增添了莊嚴的氛圍。

　　神社的主祭神是天照大御神(あまてらすおおみかみ)，而相殿神則是素戔嗚命(すさのをのみこと)。這兩位神靈合稱為「言靈大神(ことだまのおおかみ)」，象徵著神靈的威光，尤其體現在文藝、藝術與表演等表現形式中。無論是詩歌、小說、音樂、繪畫、電影、舞台，還是動畫、漫畫與遊戲等文化內容，無論是高雅文化還是流行文化，從學術到娛樂，日本誕生的各種文化表現形式中都寄宿著神威，這些神威統稱為「言靈大神」。

　　傳說，在這片武藏野的土地上，當出雲的神靈素戔嗚命和伊勢的神靈天照大御神被迎請而來時，鳳凰從天而降，在此地舞動。這對鳳凰成為了守護與療癒之神，也象徵了創造與內容的神靈。將這些神靈合稱為「言靈大神」並供奉於令和神社，象徵著深遠的意義。

musashinoreiwa.jp｜〒359-0023埼玉縣所沢市東所沢和田3-31-3｜(04)2003-8702｜4～9月10:00～17:00、10～3月10:00～16:30｜週二｜同角川武藏野Museum

使用所澤當地食材的美味食堂
角川食堂

角川食堂使用所澤當地早上採摘的蔬果，每日新鮮配送，讓客人們能夠吃到最道地、最美味的營養料理。這裡除了有提供給一般客人之外，也是角川員工的食堂。餐點以定食料理為主，每日定食、咖哩飯等等的選擇眾多，營養均衡又好吃！

[http] reurl.cc/OrAAMy | [⌖] 〒359-0023埼玉縣所沢市東所沢和田3-31-3 | [🕐] 11:00～17:00(最晚點餐16:00) | [休] 週二 | [🚉] 同角川武藏野Museum

1.餐廳內的景色／2.這裡的咖哩非常好吃／3.使用了埼玉縣當地食材的美味食堂 (1.2照片提供／角川文化振興財團)

西武線

所澤

特色藝術
LED人孔蓋

在前往JR東所澤車站的路上，你會發現地上有28個LED人孔蓋，這些是為了增加地方特色且能當廣告販售的關係，每一個人孔蓋都是知名繪畫家所畫的人氣漫畫圖，忍不住讓人會想停下來欣賞。

東武東上線 / Tobu Tojo Line

㉑ 川越 Kawagoe

◀ 川越市 Kawagoeshi

新河岸 ▶ Shin-gashi

位在埼玉縣的川越站距離東京最快只要約30分鐘左右，川越保留了江戶時期與大正時期的街道，許多建築與文化財都被列為古蹟，例如川越城、冰川神社、藏造老街等都有非常久的歷史，讓人有種時光倒流的感覺。

來到川越不僅可以享受古色古香的老街道之外，還可以在這邊租借和服，穿上和服走在川越拍照可說是相當適合，更能融入復古街道裡的氣氛。

川越周邊街道地圖

1.小江戶街道／2.兒童節的時候會掛上鯉魚旗／3.有許多復古店鋪／4.冰川神社門口

川越交通介紹

川越有些景點的距離較遠，建議可以善用川越當地的公車會比較方便。建議在池袋車站的旅客諮詢中心購買東武川越優惠周遊券升級版，可享從池袋站到川越站與川越市站的來回車票享折扣，還可以一日無限次搭乘川越市「小江戶名勝巡遊巴士」、「東武巴士市區公車」的巴士，票價只要1,050日幣，相當划算。

如果在川越想要騎腳踏車移動的話，也可以在川越車站附近尋找川越市電動自行車，一天最多只要1,000日幣，騎著腳踏車漫步在川越也是個很不錯的選擇。

[http] 川越自行車出租：kawagoe.hellocycling.jp
[http] 東武東上線川越優惠周遊券升級版：reurl.cc/nNz1Gl

東武東上線 / 川越

祈求戀愛姻緣必去神社
冰川神社
搭巴士至「川越冰川神社」下車即可到達

川越的冰川神社是當地非常有名祈求姻緣與戀愛的神社，建造至今已超過1,500年歷史，被政府列為國家重要文化財。

之所以會成為姻緣戀愛有名的神社是因為這裡共祭拜5尊神，這5尊神是一個家族，被稱為象徵家庭圓滿的神，而這5尊神裡有兩對是夫婦的關係，同時象徵夫婦與結緣，這就是冰川神社成為結緣的人氣神社原因。

冰川神社的御守非常特別，是鯛魚形狀，想要抽籤的話需要拿小釣竿釣出屬於自己的鯛魚，籤詩就放在鯛魚的身體內。如果想要為自己祈求好姻緣，也可以一早8點前去神社排隊購買姻緣石，一天限量只有20個。

1.神社境內／2.繪馬小路，夏天則會掛滿風鈴／3.要用釣竿釣的特色鯛魚籤詩

[http] www.kawagoehikawa.jp
〒350-0052埼玉縣川越市宮下町2-11-3 ｜ (049)224-0589 ｜ 09:00～18:00(週五～17:00) ｜ 搭乘東武巴士或小江戶名勝巡遊巴士至「冰川神社前」站下車

川越市有形文化財
時之鐘
搭東武巴士至「一番街」下車步行約3分鐘

在川越的藏造老街內可以看到這個懷舊鐘樓，高約16公尺，已有400多年的歷史，由川越藩主酒井忠勝建設的。過去曾發生過幾次火災，鐘樓遭到燒毀，爾後才又重新整建，目前為第四代的鐘樓。

鐘樓在過去沒有時鐘的時代相當重要，每日在固定時間會敲鐘報時。現在依然留下這樣的習慣，在每日上午6點、正午12點、下午3點及6點可以聽到鐘聲，這裡的鐘聲還被日本環境省評選為日本音風景百選，如果剛好在敲鐘前後有在川越的話，可以來欣賞這裡的復古鐘聲。

reurl.cc/2Y0Z26 | 〒350-0063埼玉縣川越市幸町15-2 | (049)222-5556、(川越市川越駅觀光案內所) | 或搭乘小江戶名勝巡遊巴士至「藏の街」站下車

1.可以穿過鐘的底下／2.時之鐘會在固定時間打鐘

復古建築老街
大正浪漫夢街
從川越車站步行約19分鐘

從江戶時代開始，這裡就是在當地主要的商店街，是川越相當熱鬧的中心地區。之後最主要的商店街移至車站附近，這裡便開始進行復原大正時代的建築風格，成為現在如此復古懷舊感的老街。

這裡有許多店鋪已經跨越好多個年代，相當有歷史。大正浪漫夢街內的店鋪主要有喫茶店、雜貨店、餐廳等，兒童節期間還會掛上許多大鯉魚旗，是個拍照超好景點。

1.掛上鯉魚旗的街道／2.店家招牌也很復古

www.koedo.com | 〒350-0066埼玉縣川越市連雀町13-10 | (049)222-5556、(川越市川越駅觀光案內所) | 各店鋪營業時間不同

日本三大羅漢名寺之一
喜多院

從川越車站步行約20分鐘

喜多院從創立至今已超過1,200年，是佛教天台宗的區域主寺，西元830年建造而成，被列為國家重點文化遺產。過去川越曾經發生大火，喜多院當時也受到波及，後來在德川家光的幫助下將江戶城的一些建築物遷移至喜多院，讓我們在喜多院仍然可以看到許多別具意義的建築古蹟。喜多院主要以祭拜消災解厄，家產安全、成就等，在這裡供奉了5百多尊的羅漢是日本三大羅漢的名寺之一。

喜多院裡有許多美麗的櫻花樹，是川越熱門的櫻花景點，可以在櫻花季時順道來看看。

kitain.net｜〒350-0036埼玉縣川越市小仙波町1-20-1｜(049)222-0859｜週一～六09:00～16:30；週日、國定假日09:00～16:50｜搭乘小江戶名勝巡遊巴士至「喜多院」站下車

1.配上櫻花的喜多院非常美麗／2.喜多院內景色宜人／3.喜多院正殿

結緣、開運必去神社
熊野神社

從川越車站步行約17分鐘

熊野神社是1,590年從和歌山縣熊野本宮大社分祀的神社，主要拜開運、結緣、除厄運。在神社境內有錢洗弁財天，有清理錢幣的器具，可以拿幾個硬幣洗好後放回錢包內，據說能帶來好運。

在現場還有白蛇神社，如果有想要祈求的願望，可以來這裡許願，並且摸摸白蛇指定的地方，讓白蛇加持一下，保佑我們願望成真。神社內能體驗的事情非常多，還可玩看看套圈圈試運氣、抽個有中文的籤！最後可以買個可愛的御守，讓熊野神社保佑我們一路健康平安。

1.熊野神社入口／2.可以洗錢的池子

kawagoekumano.jp｜〒350-0066埼玉縣川越市連雀町17-1｜(049)225-4975｜平日09:30～17:00、週末09:00～17:00

東武東上線

川越

菓子屋橫丁

昭和復古糖果老舖商店街

搭小江戶名勝巡遊巴士至「菓子屋橫丁」下車即達

　菓子屋橫丁的誕生是因為關東大地震的影響，替代東京成為生產菓子的地方，從明治時代開始就在製作各式各樣的菓子，在全盛時期曾有超過70間以上的店舖，現在則約有20幾間賣著傳統古早味的餅乾糖果店。

　這條街道雖然長度並不長，每一棟建築跟招牌都非常復古，走在這裡有種回到過去的感覺，在2001年時被選為日本味道風景百選之一。

reurl.cc/oRL83g｜〒350-0062埼玉縣川越市元町2丁目｜各店舖不同｜或搭乘東武巴士神明町車庫方向搭車約10分鐘至「札の辻」，下車後徒步約3分鐘

1.人潮絡繹的菓子屋橫丁／2.像是柑仔店的老式零食店

金笛烏龍麵 春夏秋冬

醬油老舖直營烏龍麵店

從川越車站步行約15分鐘

1.好吃的烏龍麵套餐
2.有名的醬油老店舖

　金笛醬油舖已經有200年左右的歷史，穿越醬油老舖就能到春夏秋冬，也可以從另外一條小巷子走到烏龍麵店。烏龍麵大多都是套餐，價位大概在1,000日幣左右，以餐點的精緻度來說非常平價，假日去時常可能需要排隊等候一下位子。

　每個桌上會放上自家生產的金笛醬油，可以加一點到烏龍麵裡面增加香氣，喜歡的話就可以順便去醬油店舖買醬油，有分大罐小罐，很適合帶回去送禮。金笛醬油遵循古法，使用杉木桶子經過1～2年釀造出來，其中我很喜歡減鹽的醬油，保留醬油的香氣，拿來當作沾醬或是做料理都很適合。

reurl.cc/3XDK2L｜〒350-0063埼玉縣川越市幸町10-5｜(049)225-6701｜平日11:00～16:00(最後點餐15:00)，週末、國定假日11:00～17:00(最後點餐15:30)｜東武巴士「札の辻」巴士站下車徒步約1分鐘、小江戶名勝巡遊巴士「藏の街」下車徒步約3分鐘｜1,000～2,000日幣

日式和菓子專賣店
菓匠右門
搭小江戶名勝巡遊巴士至「菓子屋橫丁」下車即達

菓匠右門是在川越地區熱門的地瓜菓子店，店內賣著好吃的地瓜紅豆麻糬「地瓜戀」，Q彈的麻糬外皮裡面包著來自北海道的紅豆餡與新鮮好吃的地瓜，讓許多旅客會一口氣帶好幾顆回家慢慢吃。

除了地瓜戀之外，現場還會賣紫芋牛奶跟冰淇淋，也是店內相當熱門的美食之一，對於愛地瓜的人來說，這間店真的是魅力無限，假日去的時候時常會看到店家前面都是顧客在排隊等候。

| http imokoi.com | 〒350-0062埼玉縣川越市元町2-11-3 | (049)222-4868 | 10:00～17:00 | 約500日幣以上 | 或搭乘東武巴士神明町車庫方向搭車約10分鐘至「札の辻」，下車後徒步約3分鐘

東武東上線

川越

1.芋納糖(甜地瓜糖)店內人氣商品／2.好吃的地瓜脆片／3.蕨餅現買現吃／4.店內有賣許多伴手禮

百年地瓜美食老舖
龜屋榮泉
搭小江戶名勝巡遊巴士至「藏の街」下車步行約3分鐘

同樣賣著地瓜甜點與懷舊零食的龜屋榮泉已經開業百年以上，店內賣著各式各樣地瓜零食，這些地瓜零食使用的是川越當地的地瓜。店內最推薦的地瓜零食為「里自慢、里土產、里乃響」3款。

里自慢是切成兩公分厚的地瓜煎餅，兩面烤過後會刷上一層生薑風味的糖蜜，吃起來非常特別，很適合配茶享用。里乃響則是切成像是薯條般長條狀，經由油炸後同樣會刷上生薑風味的糖蜜。里土產則是切成1公分厚度，加入糖蜜內熬煮並在外層撒上砂糖，甜滋滋的口感也非常好吃。

除了這3款之外也有賣好吃的地瓜薯片、地瓜派，光一個地瓜就能變出好多不一樣的美食。

1.銅鑼燒是店內人氣伴手禮／2.店門口

| http www.kawagoe.com/kameyaeisen | 〒350-0063埼玉縣川越市幸町5-6 | (049)222-0228 | 10:00～17:00 | 休 夏、冬季：週三 | 約500日幣以上 | 或搭乘東武巴士「一番街」巴士站，下車步行約3分鐘

253

東京旅館住宿

日本的住宿選擇豐富多樣，包括較貴的星級飯店、平價的商務旅館、背包客棧和民宿等，每種類型都有其獨特的特色，適合不同的旅客需求，房型也有多種選擇。

星級飯店

較貴的星級飯店在舒適度和服務上，大多都會服務周到，提供高標準的設施和服務，如餐廳、健身房、游泳池等，房間內的設備基本上會更佳豪華且房間的坪數也會較大，比較適合想來好好度假享受飯店設施的旅客。

ホテルニューオータニ　www.newotani.co.jp/tokyo

新大谷大飯店

位在赤坂見附站的新大谷大飯店是五星級的飯店已經營業非常多年，房間數非常多間，最大的特色是飯店內有個約400年歷史的日式庭園。飯店內的餐廳超過30間以上，在飯店內就能夠好好享受風景與美食。

青山グランドホテル　aoyamagrand.com

The Aoyama Grand Hotel

這間飯店位在外苑前站，從2020年開始營業，飯店內造型非常時尚，在房間內有每個自己的小酒吧，裡面放的酒都可以自由飲用，是個讓人可以在房間內好好放鬆的地方。

商務旅館

商務旅館的價位上來說就會比星級的飯店還要來得便宜，餐廳基本上就只會有1、2個，房內的設備也會是基本款，房內空間較小，可能大行李箱打開後就會把地板都占滿了。但是價格相對來說便宜很多，是許多旅客來日本旅遊時會選擇的住宿。

アパホテル　www.apahotel.com
apa hotel

連鎖商務旅館，在日本各地都有駐點，飯店數非常的多。飯店大多都滿新的，但有些可能開業比較多年，設備會老舊一些，建議預定時可以稍微先查一下評價，看看房間內部再決定是否要訂。

スーパーホテル　www.superhotel.co.jp
super hotel

連鎖商務旅館，最大特色是有提供讓旅客挑選枕頭的服務，不管是喜歡硬枕頭還是軟枕頭，又或著是麥子的枕頭。不過枕頭數量有限，建議入住時就趕快去選，不然有可能就無法挑選，僅能使用原本配置的枕頭。

東急ステイホテル　www.tokyustay.co.jp
東急 STAY 飯店

連鎖商務旅館，東急STAY最大特色是希望客人可以在飯店也有家的感覺，房間內有提供附設洗脫烘洗衣機及迷你廚房，讓旅客可以住久一點也不會感到不便，讓旅客每次來日本都會想要再來住一次東急STAY飯店。

背包客棧

最便宜的住宿方式，但是難免會有其他吵雜的聲音，需要準備耳塞等道具。可以選擇有男女分開的背包客棧，因為沒有自己的獨立房間，價格相對較低，適合預算有限的年輕旅行者。

背包客棧最大的特色是大多都有一個交誼廳，可以在這裡和來自世界各地的旅客們聊聊天，認識新朋友，有時背包客棧還會舉辦一些活動，讓住宿客都可以參與。喜歡認識朋友，體驗不一樣的住宿的話，推薦可以試試看背包客棧。

民宿 (Airbnb)

民宿有分兩種，一種是民宿老闆一起住在同一棟樓內，另外一種則是單純出租一間一般大樓內的房間，沒有櫃檯，也沒有工作人員在附近。

旅客可以根據預算、舒適度和體驗需求，在這些不同類型的住宿中做出選擇。無論您是尋找奢華的住宿還是追求更親近當地文化的體驗，日本都提供了多種選擇。

東京旅館住宿

搭地鐵
玩遍東京
TOKYO

作　　者	小鹿｜鹿過日本
總 編 輯	張芳玲
編輯主任	張焙宜
企劃編輯	張焙宜
主責編輯	張焙宜
特約編輯	劉怡靜
封面設計	許志忠
美術設計	許志忠

太雅出版社

TEL：(02)2368-7911　FAX：(02)2368-1531
E-mail：taiya@morningstar.com.tw
太雅網址：http://taiya.morningstar.com.tw
購書網址：http://www.morningstar.com.tw
讀者專線：(02)2367-2044、(02)2367-2047

出 版 者　太雅出版有限公司
　　　　　106台北市大安區辛亥路一段30號9樓
　　　　　行政院新聞局局版台業字第五○○四號

讀者服務專線：(02)2367-2044／(04)2359-5819 #230
讀者傳真專線：(02)2363-5741／(04)2359-5493
讀者專用信箱：service@morningstar.com.tw
網路書店：http://www.morningstar.com.tw
郵政劃撥：15060393(知己圖書股份有限公司)

法律顧問　陳思成律師
印　　刷　上好印刷股份有限公司　TEL：(04)2315-0280
裝　　訂　大和精緻製訂股份有限公司　TEL：(04)2311-0221
初　　刷　西元2024年11月01日
定　　價　530元

(本書如有破損或缺頁，退換書請寄至：
台中市西屯區工業30路1號　太雅出版倉儲部收)

ISBN 978-986-336-522-8
Published by TAIYA Publishing Co.,Ltd.
Printed in Taiwan

國家圖書館出版品預行編目(CIP)資料

搭地鐵玩遍東京/小鹿｜鹿過日本作 作.
-- 初版. -- 臺北市：太雅出版有限公司, 2024.11
　面；　公分. --(世界主題之旅；150)
ISBN 978-986-336-522-8 (平裝)

1.CST：車旅行　2.CST：地下鐵路
3.CST：日本東京都
731.72609　　　　　　　　　　113009507

填線上回函
搭地鐵玩遍東京
https://bit.ly/3BfaZ3N